神様がいるぞ！

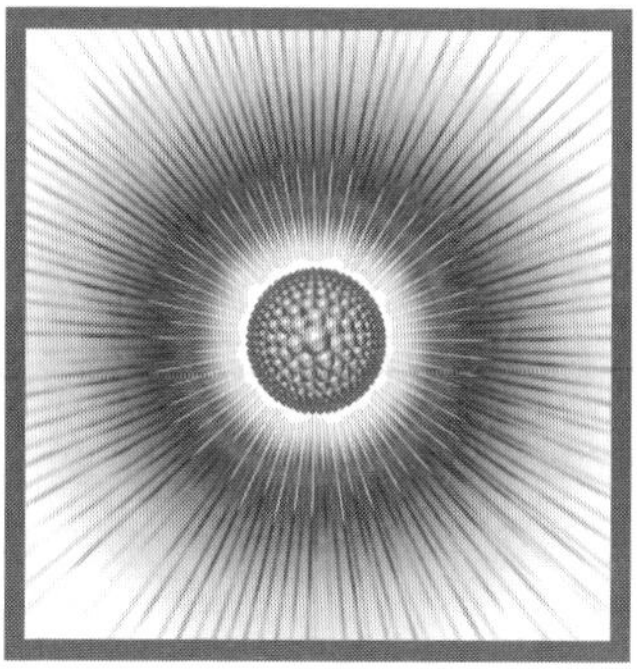

Kuniyoshi Ikeda
池田邦吉

明窓出版

はじめに

前著『光のシャワー』（明窓出版）第3章で私は以下のように書いた。

人間とは「肉体」と「精神＝心」と「たましひ（魂）」の三身一体の存在であると。

この内、魂は神の分身であって人は皆、神の分け御魂《わみたま》であるとも書いた。このことについて異論を唱えてきた読者は一人もいなかった。『光のシャワー』は２００８年秋に出版したが、以来３年以上が経過している。

人の魂が神の分け御魂であることについては『あしたの世界シリーズ』（明窓出版）の最初の本の１７２頁以下でも詳述しておいた。その本の出版は２００４年春で今から８年も前のことであった。

人の「たましひ」が神のエネルギーの分身である以上、人は皆、神や、神と人との関係について少しは知っておいた方が良いということになる。ただし、別に知らなくても神は人を守護しているものである。無理に神を知ろうとする必要はない。

ヒーリングを始めてからある日、『光のシャワー』の読者がヒーリングの依頼をしてきた。２～３日経って私はその方にお断りの電話を入れた。その理由については言わないでおいた。その依頼人の守護神が来て私に以下のような話をしていったからである。

「その者の苦しみは、その者の生き方の間違いから発していて、その事に気がつくまではヒーリングをしてはいけない」と。

ヒーラーと医者との立場が違うということがこの一事で分かろうというものである。ヒーラーは医者ではない。従ってヒーリングを依頼されても断ってよいのである。ヒーラーは人命救助をしない場合がある。

神の話をしようとすると「それは宗教上の問題」あるいは「非科学的」ということでこれに目をつむる人が多い。現代の新宗教諸派の霊感商法ビジネスを多く見るにつけ、神の話をしようとする人間に対して警戒心を抱くのはむしろ当然と言える。

日本には古来、全国各地に神を祀《まつ》った神社が存在している。そこに祀られている神々は我が国最古の文献たる古事記・日本書紀（以下記紀と略す）に書かれている。従って神々についてこの記紀に登場している神々を知ることが我々日本人にとっては極めて重要なことと思える。

昨今、伊勢神宮を参拝する人々は1年で８００万人を超えているとニュースが伝えている。こういう日本の神社は宗教をしていない。宮司はいるけれども、彼らは神と人とをつなぐ役割を持っているだけである。第一、日本の神社には教祖がいない。第二に布教すべき宗教的教本もない。神社は神を祀っている場所であって、参拝者は神の存在について何事も強要されることはない。ただ神の存在を感じる場だ。宮司達は神道《しんとう》というある種の生き方をしているが、神道とは「神に至る道」いう意味であって宗教とは違う。

人は神の乗り物なので人が神を求めるのは極く当然のことである。

――神はいつも人と共にある――

このことを人は普段意識しないのであるがそれで生きていけるようになっている。人は自由意志を与えられているから。

ある人々は人が死ぬと神になると信じている。もともと、人の魂は神のエネルギーの一部なのだから当たり前の話だ。肉体が死して魂だけの存在になるとその魂は元の神のところへと帰り神業の道に入る。その後、数十年後か百数十年後には再び人として生まれてくる。これを輪廻転生という。

ある日講演会でのこと、参加者の一人が「先生、輪廻転生はほんとうにあるんですか。あるとしたら証明して下さい」と質問してきた。ずっと常識と思っていた私は言葉につまった。その質問者の顔をじっと見つめたまま「死ねば分かるよ」と答えた。するとその質問者は顔を伏せて下を向いたまま黙ってしまった。「輪廻転生に関しての本は山のようにあるので本屋に行って下さい」と私はつけ加えた。

私はこの答え方が失礼だとは思わなかった。何事かを考えたあげくに出た言葉ではなく、その答え方以外に言葉が浮かばなかったのである。

誰でも身内の者が死ぬと葬式をする。葬式から数週間過ぎても、亡くなったはずの身内の魂がその家族の周りに居るような気がすると多くの人が言う。お盆には故人が家族の下《もと》へ帰ってくると信じ、墓まいりをする。身内の者が死んでようやく人々は神だ仏だと言うようになる。それ以前には肉体が死んだら何もかも無くなると信じていた人々でさえそうである。ヒーラーは、亡くなって魂だけになっている人をヒーリングすることがある。そんな時にはヒーリングパワーを使うのではなく、言葉によってヒーリングする。言葉にはエネルギーがある。意識にもエネルギーがある。言葉は意識の表出である。

意識はエネルギーを持っていると言ったのはセス（Ｓｅｔｈ）である。セスは『セスは語る―魂が永遠であるということ』（ジェーン・ロバーツ、ロバート・Ｆバッツ　ナチュラルスピリット社刊）という本の内容を語った人である。１９９９年に邦訳の上、日本で出版された時、この本を読んで私はヒーリングすることを決心できた。人の病を治してあげたいと思う意識がヒーリングパワーとなって病を治せると考えたのであった。

しかし、その事に限界があると思った頃出会った本がバーバラ・アン・ブレナン博士の著作『光の手』であった。この本はプロのヒーラーを目ざす人なら必ず読んでおくべき教科書である。その『光の手』には神様が登場しており、ヒーリングは本当はその神様達の仕事であることに気づかされた。その神様は創造主の一員であるが医学の神でもあるので、私はこの神を仮に「医の神」

と呼ぶことにする。本文中にはこの医の神の話がたくさん登場してくることになる。
本著は前著に続いて『光のシャワー・パート2』とすべきところ、あえて『神様がいるぞ！』という題名にした。ヒーラーは神々の協力があってこそ、その仕事を成し遂げられるからである。逆に言えば神々の協力なくしてヒーリングはできないということなのである。患者側もそのことを理解しておかないとならないのであえてこの題名を考えた。本著にはたくさんの神々が登場してくるが、この本は宗教の本ではなくヒーリングの本なのである。

２０１２年１月25日記　池田邦吉

◎神さまがいるぞ！　目次◎

第三章　私の守護神たち

第四章　創造主

第五章　神々に至る道

第六章　神と人

第一章　記紀に登場する創造主たち

一ノ一　セス

２０１１年６月末、北海道へ講演旅行に行った。講演を終えた翌日、北海道神宮を参拝した。この神宮発行のパンフレットによると御祭神は少名彦名神《すくなひこなのかみ》、大那牟遅神《おおなむちのかみ》、大国御魂神《おおくにみたまのかみ》、明治天皇の四神である。この内「おおなむちの神」と「おおくにみたまの神」の二神は大国主命《おおくにぬしのみこと》と互に分神の関係にある。「すくなひこなの神」は創造主の一員で神皇産霊神《かみむすひのかみ》の分神である。「かみむすひの神」は造化の三神の内の一神であるが拙著『あしたの世界』シリーズの最初の本、１６７頁に詳述した。記紀によると「すくなひこなの神」は大国主命の仕事を手伝おうと「かみむすひの神」が分神を創って地球に送り出した神である。宇宙の中心であり、神々だけが住む神界から地球に来た神を神道《しんとう》では「下《くだ》り魂《たま》」という。

つまり北海道神宮には創造主の一員「すくなひこなの神」を中心に大国主命の分神二神と明治

天皇が祀られている。このうち明治天皇の御魂は火火出見命《ほほでみのみこと》の分け御魂である。

参拝を終わって境内から出た。大通りの歩道を地下鉄の駅に向かって歩いていた。後ろから誰かの気配がして「セス、セス」と話しかけてきた。振り返ると、いっしょに参拝した人達は歩みが遅く遥か後方にいる。私に話しかけてきた方は人ではないと気づいた。横に並んで歩いている菊池哲也には聞こえていないようだ。菊池は昨日の講演会主催者で『光のシャワー』第二章に登場している人物である。その菊池の魂は他ならぬ「すくなひこなの神」の御魂分けである。そのことについてはずいぶん前に当の菊池に教えておいたので、彼は度々この北海道神宮にお参りに来ていると言う。

「すくなひこなの神」は日本の国土の原型を作る作業を終えて一旦元の神界に戻った。その後、地球に戻ってきた時には「薬師如来」とその神名を変えた。薬の神様である。菊池の命がつながっているのはこの神様のお陰であって、私のヒーリングの結果ではない。創造主は皆何らかのヒーリング技術を持っていて、自身の御魂分けの人々に対して自身でヒーリングをしている。菊池のケースもその例外ではなかったが「すくなひこなの神」は私が菊池の病気治しのきっかけを作った人物としてその後のおつき合いがずっと続いている。たとえば私にヒーリングを依頼してきた患者が服用している薬がその人に適切かどうかを知りたい時には必ず「すくなひこなの神」に教えていただくことになる。「如来」とは地球に来た神という意味で、宇宙の中心、神々の世界から地球に来た創造主のことである。神は時代と共に、又場所ごとにその名を変えるが「すくなひこなの神」は「薬師如来」と同一神である。

遥か後方から私と菊池に追いついてきた参拝者一同と合流して再び私は歩き始めた。彼らを待っている間も私の頭の中には「セス、セス」という声が聞こえ続けていた。

一旦ホテルに戻り、そこで昼食をとることにしていた。参拝者一同をロビーに待たせて私は自分の部屋に戻った。妻の由美はロビーで北海道の方々とおしゃべりを続けていた。部屋に戻った私は精神を集中し、リラックスしたところで、「セス」と声をかけてくる方に話しかけた。

「どなたでしょうか」と。するとその方は、「大国魂神」と言った。今しがた参拝してきた北海道神宮の祭神である。

「神宮からずっといっしょに来たんですか」と私。

「そうじゃ、セスだよ」と神が言う。

「え〜」としばし絶句。しばらくしてようやく声が出るようになって私は言った。

「つまり、セスは大国御魂神のことなんですか」と。

「その通りだ」と神が言う。私はびっくりしたあまり言葉を失なっていた。しかし、ロビーに人を待たせていたことを思い出して急いでエレベーターに飛び乗った。下りると菊池が待っていた。

「時間なんでお迎えに行こうとしたら、先生が来ました」と言う。私は言った。

「あのナー、大変なことが分かったぞ。大国魂神はセスなんだってよー」

「ええー！」と菊池は言ったまま茫然と立ちつくした。

「今、ここに来てるんだよー」と言って私は菊池といっしょにダイニングルームへ向かった。この日はあまりの事に余裕を失いセスと話をすることは出来ずにいた。

話は年を越える。今年２０１２年正月明けにひょいと大国御魂の神が我が家に遊びに来た。

「九州はやっぱり暖かいな〜」と言う。

「北海道神宮は雪に埋まってて参拝客も来づらい。今日は一日遊んでいってもいいか」と聞く。

「どうぞどうぞ」と私は言ってコップに水を満たし神棚に置いて、その前に日本酒をおみきとして置いた。手を合わせて、

「ありがとうございます」と言った。

「昨年来の話はすくなひこなからくわしく聞いている。だから話さんでいいよ」と神は言う。少したつと、何だか楽しそうな雰囲気が伝わってくる。どうやら、我が家に居た他の神々に囲まれて談笑しているらしいので、邪魔にならないようにと質問はしなかった。

その後も毎日来てくれるようになったある日、私は大国御魂神に質問してみた。

「大国御魂の神様はいつ頃大国主命から分神されたのですか」と。

「おおよそ６００万年前」と答えが返って来た。それからずっと北海道の大地を作っていたらし

い。次の質問は『セスは語る』の著者について。

「ジェーンとロバートの二人は今どこにおられますか」と。

「うん、北海道神宮で私の下、神業を重ねておる」と神。

「お二人は元一つの魂と本に書いてありますが、お二人共亡くなった後は元の一つの御魂になっていますか」と私。

「うん、まだ別々の個性のままだが、将来は一つに合体するよ」と神。

「お二人はまだ人として生まれてくるんですか」と私。

「うん、今度は日本人として生まれると思うけど、又、二人になるよ」と神。

「数十年かかるかな〜」と続く。


セス＝大国御魂神と私との話はこれぐらいにして、話は北海道のホテル・レストランの場に戻る。

一ノ二　花の女神

昼食が終る頃、一同は午後のスケジュールを決めた。札幌の中心部へと観光する人達と植物園見学グループとの二つに分かれることになった。植物園はホテルのすぐ近くにあった。私は植物園見学グループに入った。

園内はこれまで見たことがない樹木や草花が繁っていて、私たちは立ち止まってはそれらの名前に見入った。世界中からよくもこれだけの植物を集めたもんだと感心することしきり。

一行の中に日本熊森《くまもり》協会に所属している自然愛好家の女性がいて植物の名前に詳しい。その方も、九州では見られない花がたくさんあるとびっくりしていた。

「こんな花があるんだ！」と言う。

「きっと花の神様がいて、こんな形の花をデザインしてみたんだよ」と私。

「木の花の咲くや姫様だ～」と彼女が言ったので、「違うよ！　花の女神だよ。創造主の一人だよ」と私が言った。

「へエ～、そんな神様がいるの～、どこの神社に祀られているんですか？　先生！」

「うん、調べておくよ」と話はそこで終った。出口のすぐそばにきたからである。

北海道講演会から小倉の自宅へ戻り、荷物を解き、ほっと一息ついていると部屋の空気が変わった。ピーンと張りつめた感じである。誰か神様が来ているに違いないと思った。

「どなた様でしょうか」と目には見えない存在に話しかけた。

「木の花の咲くや姫」との返事。

「今日は富士の浅間《せんげん》神社から、わざわざお見えですか」と私。

「はい、そうです」と神。続けて、

「花の女神は私の妹です」と言う。

「花の女神様は日本の神社ではどこに祀られていますか」と私の最初の質問。

「妹は今、日本には居ません。イタリアのフィレンツェにいて、そこの守護神をしています。サンタ・マリア・デル・フィオーレにいます。それで彼女はよくマリアと間違えられています。昔ね、フィレンツェの人々が花の女神にその町の守護神になってくれるようにと頼まれたので、妹は承知して、以来ずっとフィレンツェに居るわ」と神。

「日本には帰らないのですか」との私の質問に、

「呼べばいつでも来ます」と神。

「ということは富士の浅間神社へ来るということでしょうか」と私。

「そうよ」と神。木の花の咲くや姫との会話はここで終った。

部屋の空気がまた一変し、いつもの我が家に戻った。木の花の咲くや姫がお帰りになったと分かった。

何か不思議に感じた。あの時、木の花の咲くや姫は北海道の植物園に来ていたのだろうかと。

あるいは私の守護神が神様を呼んだのだろうかとも思った。

ずい分前の話になるが「木の神様」が私のところへ遊びに来ていた頃、その神様から教えてもらったことがある。

「ワシには妹がおって、木の花の咲くや姫のことじゃ」と言う。そのことを思い出した。北海道の植物園に居た時、木の神様がそこに居て、私達の行動を見守っていたに違いないと。それで花の女神の件についての会話を聞いていて、木の神が木の花の咲くや姫に連絡してくれたに違いないと思った。

九州の小倉に住む前、和歌山市によく講演に出かけていた。今の紀の川市に酒井正子さんがおられ、講師を頼まれることが多かった。そんな折には伊太祁曾《いたきそ》神社をお参りした。伊太祁曾神社の祭神は五十猛命《いたけるのみこと》であるが、この神名は木の神様の別名である。神は時代と共に、又場所により、神名を変えることがあると木の神様におそわった。その木の神は創造主の一員であって、記紀の記述は間違いであることを指摘してくれた。その木の神が「木の花の咲くや姫は自分の妹だ」と言った。つまり木の花の咲くや姫も又、創造主の一員であり、その妹姫である花の女神様も創造主の一員ということになる。

北海道から帰って二日目の夜、部屋の空気がピーンと張りつめた。木の花の咲くや姫が来ていると感じた。

「姫様ですか」と私。

「はい、パリに行ってきました。妹がちょうどパリに居て花の手入れをしてましたから。あしたの夜、日本に戻ってくると言ってます。初日は浅間神社で神業をして、次の日の夕方にここへ連れてくる予定です」と言う。

「あの～、どうしてそんなに……」と言おうとする私の発言をさえぎって、神は続けて言った。

「あなた方のことは亭主から全部聞いていて知っているから何も言わないでいいの」

「亭主ってどなた様で」と私。

「あなたの指導神よ、そこに居るわよ」と姫神が言う。

「最近、ちっとも浅間神社に来てくれないのよ。忙しいことは分かっているから私の方から来たの。亭主の仕事も少しは手伝わないとネ」と言う。続けて、

「それに、ここへ来たのは今回が初めてではないの。前にもちょこちょこ来てたわ。だって亭主がこの家に毎日のように居るからよ」と言う。

知らなかった事ばかりなので大変恐縮していると、

「私のことは母と呼びなさい」と言う。

「え～、私の母は今ここに居て、守護してくれています。母が二人になって混乱しますが」と私。

「倭姫も忙しいから、私が倭姫と交代で守護するという意味よ」と言う。

一ノ三　木の花の咲くや姫

花の女神が我が家に遊びに来てくれるまでまだ二日間あるので、その間、木の花の咲くや姫様と少しの間お話をしてみようと思った。この頃、富士山の気候は悪化していて、登山客は来ないらしい。

「先ほど亭主がここに居るから……と言われましたが、八嶋士奴美《やしまじぬみ》の神のことでしょうか」と私は質問した。

「そうよ、大国主の親神のことよ。この神が地球に来た時から、ずっと亭主よ」と姫神は言う。

「え〜と、記紀では八嶋士奴美の神の妻は木花知流姫《このはなちるひめ》と書かれているんですが」と私。

「そんな神様いないわよ。人間がかってに作った作り話よ」と姫神。

「ついでに言うと、岩長姫なんてのもいないわよ。私の兄は木の神、妹は花の女神で、創造主なの。私は大山津見の神の系統ではないの。記紀は間違いが多いわ〜。私、ににぎの命のところになんか嫁《よめ》にいってないわよ」と姫神。木の神が言っていたのと同じせりふである。

ピーンと張りつめているわけが分かってくる。創造主がこの部屋に来ているからである。部屋の空気があまたいる姫神様たちのボス的存在らしい。その姫神が私の母たる倭姫に変わって私を守護すると言ったのには驚いた。どうお付き合いしていいか分からない。

母はどっか部屋の隅に身を縮めているような感じで一言も発せないでいる。私の指導神も又、同じ。女房殿に頭が上がらない亭主みたいに身を縮めている感じである。木の花の咲くや姫と私との会話が途切れた。その時やっと私の指導神が重々しく口をひらいた。

「くによし（私の名前）。あのな～。妹が遊びに来るということなんで、あしたはお供えをしてほしいんだが、妹は和食になれてないんでー、スパゲッティとスープと野菜サラダ、フランスパンという献立で頼むよ」と言う。

「花の女神様は午後7時頃ここに来ると言っているらしいので、あしたは日中の午後に買物に出ると材料はそろうことになりますが～、ですが、アンチョビが無いし、チーズはイタリアのチーズ、手に入らないと思うし、日本のパンはお口に合うかどうか……自信ないなー」と私は言った。

「酒屋に行けば、イタリア製のワインがあるので、おみきは問題ないと思いますが」とつけ加えた。

私の指導神はかって一度も「おみきをせよ」とか「おそなえをしろ」と言った事がなかった。

そういう事には無頓着な神と長い間思っていた。

神棚を作れ、おみきをあげろ、お水をお供えしろと言ってきたのは倭姫である。由美の魂が神倭姫命《かんやまとひめのみこと》の御魂分けなので、由美の守護神は倭姫なのである。由美の母も倭姫の御魂分けで、つまり親子共々倭姫の魂であるため、由美は倭姫を「私の母」と呼ぶ。由美の実際の母親は2005年2月6日に亡くなったのであるが、その後、神業がうまくいって倭姫に合流した。つまり合体してしまったのである。洋子さん（由美の母）の御魂はそれ自体、単独で存在しているのではなく、倭姫となった。つまり元の神様に帰ったのである。由美が倭姫を母と言っている理由がお分かりだろうか。

神倭姫命は伊勢神宮の創建者である。そのため、伊勢神宮に祀られている神々が度々我が家を訪れるようになってしまった。それで最初から、神棚を横に長くこしらえてある。巾40センチ、長さは1ｍ80センチの大きさである。これでも足りない時は神棚の前に白木の机を置き、そこにお供えをする。料理人は私である。神食の料理人として日々、おつとめをしているが、毎日のことなので神々が飽きることがないように献立は日替りとなる。

私の指導神はその日、妹神に気を使ったとみえ初めて献立を指示してきた。

翌日、買い物に時間がかかってしまい帰宅したのは午後4時を少し過ぎてしまった。少々焦りぎみとなった。神棚に大きな百合の花を生けた。百合はフランスの紋章であるが、花の女神さんがパリを気に入っているようなので、百合を生けた。今しがた買ってきた新鮮な野菜類を大急ぎで調理し、上にゆで卵を輪切りにして置いた。スープは野菜を使ったコンソメとし、スパゲッティは私流のメンタイコ・スパに仕上げた。そこに各種の海産物を和えた。貝類やイカ等である。地中海風スパである。それらを神棚にずらっと並べ、フランスパンを輪切りにして別の皿に乗せた。広い神棚が料理でいっぱいになった。

全ての料理が仕上がるのと、花の女神さんが到着するのが同じ時刻だった。部屋の空気が一変し、大ボスが到着したことが分かる。

「いらっしゃいませ」と合掌する。

「あなた方のことは姉から話を聞きましたのでよく分かっています」と花の女神さん。花の妖精のようなイメージが伝わってくる。木の花の咲くや姫とはまるっきり雰囲気が違う。まるで少女のよう。

「おみきはこのワインでよろしいでしょうか」と私。

「はい、それにして下さい」と花の女神。コルク栓をポンと抜く。グラスにトクトクと注いで神棚に置き、どうぞと言って合掌する。それが合図となって、食事会が始まった。しばらくして、

「おいしいわー。上手ネ」と花の女神が言う。

「イタリアとは材料が違うので、イタリアンには出来ませんでしたが、それらしくはしました」と私が言うと、

「ええ、それはそうですけど、とっても美味しいからこれでいいです。スパゲッティはちょっと茹で過ぎネ。柔らかいわ。イタリアンはもうちょっと固めに仕上げるの」と言う。

神棚に供えた料理とまったく同じものを私と由美が食べ始めた。神々と同じ食事なのである。

そこへ木の神が来て、三神が揃った。

一ノ四　木の神

「すまん、会議が長引いてしまって遅くなってしもうた」と木の神。会議というのは木材業界の寄り合いのことであり、この時期不況のまっただ中にあった。木の神は木材業界や森林組合の守護神なのである。

「うまいな～、くによしの料理は」と木の神。

「今日は洋風だナー」と続ける。この後は妹神たちと談笑に入った様子である。

いつ頃だったか忘れてしまったがだいぶ以前に私のことを調べに来た神がいた。それまで御縁がなかったので私のことを詳しくは知らないとその神は言った。その少し前、その神の御魂分けの人をヒーリングした。緊急事態であったので、その方の守護神とほとんど話をしていなかったが、神が調べに来たのは、患者が急病から回復した後の出来事だったのである。

私の本や経歴を見ているうちに私がかってノストラダムスの研究をしていたことを思い出したらしい。やや不機嫌になっていった。そこへ不意に誰か他の神が来たような感じを受けた。

「どなた様でしょうか」と私が尋ねると、

「木の神じゃ」と言う。

「いたきそ神社の神様でしょうか」と念を押すと、「そうじゃ」と言う。そこから先は調査に来た神に私のことを話し始めた。

「くによしはナー、木曽の池田一族じゃよ。上松《あげまつ》の池田木材の社長の家に一時あずけられておってな、わしゃーそん時にこの子に出会った。池田木材は伊勢神宮の木材を提供しとるからお前も知ってるだろ。そこの創業者の社長の甥に当たるよ。

この子は小さな時から賢くてなー。天使や神様たちと話ができるんだよ。わし、感心してな、この子の母親が亡くなったあと、この子が東京に帰ってからも、ずっとこの子を見守っておった。例のツーバイフォーの建築な。あれを導入してくれたんだよ。建築家としてはすごくいいデザインをするよ。

預言書の話な、それはいたしかたなかったんだよ。ノストラダムスとこの子はもともと魂が一つだったからナ。この仕事もやりとげなくてはならなかったんだよ。悪気はないよ。純粋にこの研究をしただけなんだよ。解読が正解に達していたから、未然に防げた事も多々あったということなんだよ」

まるで私の弁護士のように話している。調査に来た神がだんだん打ち解けてきた。

「本を読ませてもらうよ」と言って、その神はお帰りになった。木の神はそのまま居続けていた。おみきを一杯さし上げて、「ありがとうございました」と言って合掌する。

一息入れて、木の神は今度は私に話し始めた。

「くによしな〜。わしらは創造主なんだよ」と言う。「ら」が付いている。ということは同室に他にも創造主の一員がいるということである。他ならぬ、私の指導神や由美の命を一日、一日と先延ばしにしてくれている医学の神たちのことである。

「わしはな、記紀に書かれているような存在ではないのだ。すさのおの子などではない。すさのおが生まれるずっと前から地球に来て、生命を作っている創造主の一員だよ。神はな、時代とともに、又場所ごとに名前を変えるもんでな、太古、わしは久久能智神《くくのちのかみ》と言われている神であった。くによしも知っているとおり、太古の植物群と現代の植物群とでは形が違うだろ。それで名を変えるのだ。

記紀では「くくのちの神」は「いざな気の神」の分神と書かれているが、そこんところも間違いだぞ。くくのちの神はつぬくしひの神の分神で地球担当神である（この神のことについては拙著『あしたの世界　P2』一一八頁以下に詳述してある）。わしは今ではいたけるのみことと名乗っているが、くくのちの神もいたけるの命も同じ木の神のことなんだ」

「くくのちの神は熱海の来の宮神社に祀られていますが、木の神様は普段どの神社におられますか」と私の質問。神様はここでおみきを一口飲んでやや間をおく。

「うん、熱海の方は必要な日に行くが、和歌山に居ることが多いよ」と木の神。紀の川市は木の

津零奇霊神《つぬくしひのかみ》（創造主）　——　活奇霊神《いくくひのかみ》（創造主）

くくちの神＝五十猛命《いたけるのみこと》＝木の神

木の花咲くや姫＝神阿多都姫《かんあたつひめ》

花の女神＝いの姫＝刺国若姫《さしくにわかひめ》

宇迦之御魂《うがのみたま》の神＝豊受《とようけ》大神

ひるこの神＝えびす神

わずらひのうしの神

町なんだなーとこの時ふと思った。来の宮神社はほんとは木の宮のことに違いない。熱海の来の宮神社には他の神様も祀られているがその神様とは大国主命である。その他に倭建《やまとたける》の命《みこと》が祀られているが、倭建の命はまだ神になっていず、現代に輪廻転生していて、今も人間をしている。

「ところで、」と木の神がまた話を進める。

「わしには妹がいる。木の花咲くや姫じゃ」と。びっくりした私は声も出せない。

話を元に戻す。花の女神が我が家に来た翌日、朝食の準備をしていると後に誰かいる気配を感じた。「どなたですか」と声をかけると花の女神だった。「何か用事ですか」と言うと「私、和食が大好きなんです」と言う。花の女神はこの後三日ほど我が家に遊んでヨーロッパへ戻った。この時期ヨーロッパは花の季節だからだ。木の花咲くや姫も富士に帰った。
「急にあなたの母にはなれないわ」と言って。

一ノ五　宗像《むなかた》の三姫

北九州市の真西方向に宗像市があり、宗像大社はそこにある。神社そのものが国宝になっているが、この神社の建築様式は伊勢神宮とまったく同じ唯一神明造りである。宗像大社は別名裏伊勢とも言う。祭神は「たぎり姫」「たぎつ姫」「いちき島姫」の三姫神である。この三姫は天照皇《あまてらすすめ》大御神《おおみかみ》の分神であって「すさのお」の分神ではない。この点、記紀の記述は間違いで、天照皇大御神が弟神であるすさのおに疑念を持った云々の話はお伽話《とぎばなし》にすぎない。宗像大社は三姫神の他に天照皇大御神が祀られている。すさのおは祀られていない。

天照皇大御神は実は男神である。お伽話に引きずられて、女神と誤解されている。現に三姫は天照皇大御神を「父」と言う。

伊勢神宮の創健者たる神倭姫命《かんやまとひめのみこと》は宗像の「たぎり姫」の分神である。従って、倭姫から見ると天照皇大御神は「おじい様」に当たるはずであるが、なぜか倭姫は天照皇大御神のことを父と言い、宗像三姫を「お姉様」と呼ぶ。この事情は「たぎり姫」の方にあるらしい。「たぎり姫」が倭姫に対して自分を「母上」と呼ばせず「お姉様と呼びなさい」と厳命しているためだ。「たぎり姫」「たぎつ姫」「いちき島姫」「倭姫」の四神がずらっと並ぶと、四姉妹のように見えるはずである。女神様は年をとらなくて、いつまでも若々しいからである。ここのところが人間界と神々の世界との違いである。天照皇大御神は倭姫のことを「自分の娘」と言う。

さて、宗像三姫は由美の守護神である。由美は倭姫の御魂分けであるが、倭姫が宗像三姫に由美の守護を頼んでいるのでこのようになっている。倭姫は伊勢の倭姫神社でのお勤めだけでなく、伊勢神宮に祀られている神々の行事の諸々段取り役をしているので大変忙しい。

拙著『あしたの世界シリーズ』の最初の本163頁に以下のように書いた。

田原澄《すみ》の魂は多紀理姫《たぎりひめ》の分御魂《わけみたま》です。と。

その原稿は2004年の初頭に書いた。今からちょうど8年前ということになる。田原澄は「洗心」の教えを説いた人で「ザ・コスモロジー」という出版社の生みの親である。

ある日、たぎり姫の神が由美の守護に来ていた時（ずいぶん前のことなのでいつ頃だったか忘れてしまった）私からたぎり姫にいくつかの質問をしたことがあった。

「たぎり姫様は由美が生まれてからこのかたずっと由美のことを知っていますか」と。

「ええ、もちろん、あなたの事もずっと以前から知っていましたよ」と姫様。

「小倉に引越してきた時からでしょ」と私。

「いいえ、もっと前から」と姫様。続けて、

「あなた、加速学園で洗心のこと勉強してたでしょ。その時ノストラダムスの預言書の研究を発表してたわ」と言う。私はびっくり仰天してしばらくの間声も出ない。何と！　たぎり姫様が加速学園に来ていたとは。すると、出会いは１９９５年からということになる。ところが、

「それはそうなんですけれど、あなたのお母さんからあなたの事を教えられているのよ」とたぎり姫が言う。その時、倭姫命も我が家に居た。その倭姫に向かって、

「あのことはこの子に教えてあるの」と言う。「あのこと」と言うのは、私の母、特に生みの親の母の御魂のことである。倭姫が答える前に私から発言した。

「母のことは知っています。母は倭姫と同魂で、イエスを生んだマリア様であるということを小学校入学直前の頃、教えてくれています」と私は言った。たぎり姫は黙って、「うん」とうなづいたように感じた。

「その時は倭姫がどんな方か知りませんでしたが」と私は付け加えた。そしてさらに話を続けた。

「ノストラダムスの預言書を研究していた頃、ノストラダムスを生んだ母、レニェール・ド・サンレミの魂は私を生んでくれた母と同じマリア様の魂であると分かりました。つまり、マリア様は、イエスとノストラダムスと私、三人の母ということになります」と。

いつの間にか、「たぎつ姫」と「いちき島姫」が来ていて、私とたぎり姫様とのやりとりを興味深そうに聞いている。

「北九州に引越してきた後のことだけは全部知っていますが、あなたはそういう人だったんですか」といちき島姫が言う。宗像三姫は本来、由美の守護神として我が家に来ていたのであるが、私と三姫との距離感はこうやって無くなっていった。

昨年の7月、花の女神と木の花咲くや姫が我が家を出て、それぞれの仕事場へと戻ると入れかわるように「たぎり姫様」が我が家に来て珍しく神々の姿について話し始めた。

「神々は皆誰であれ、エネルギーだけの存在で、意識体とも言いますが、本来、姿・形というものは無いんです。あなたはあなたが書いた本の表紙にセスのことを図案化してるでしょ。例えて言えば、神様はみんなそういうもんなの。創造主の絵をあなたは描いてますが、その絵は正しい。でも創造主たちは、初めから球体ではなかったんです。創造主たちが例えば地球で仕事をするについて、次々に分神を生み出し、誰が誰だか分からないようになってしまったので、大元の創造主たちがあなたが書いたような姿を作り出したんです」と言う。

「たぎり姫様はその球体の形になれますか」と私の質問。

「私はまだそこまでになれませんが、いざな気の神と天照皇大御神は神界に上って修業したので、球体にはなれます」と言う。

一ノ六　うしとらの金神さん現る

翌日、部屋に誰か来ている気配を感じた。

「どなた様でしょうか」と尋ねても、返事はすぐには来なかった。もじもじしていて、話をきり出すのをためらっている様子である。やがて、

「国之常立《くにのとこたち》だが〜」と言う。

「うしとらの金神《こんじん》さんでー」と私。

「うん」と短い返事。少し間があって、

「わし、間違えてしもうて……」と言う。

「何のことでしょう。神様でも何か間違えることがあるんですか」と私。

「自分のこと数えるのを忘れててな〜。あん時十七神と言ってしもうた。十八神だったんだー」

と神が言う。何の話か分かった。『あしたの世界P・2』の最初の章を開き、23頁から28頁を示して、

「この話ですか」と尋ねた。

「うん、その事その事」と神は言う。何と7年も前の話をあやまりに来ていたのである。人間にとっては7年前は昔のことで忘れてしまっている。幸い、私は7年前に本を書いていて、それがまだ手下に残っていたので思い出すことができた。神様にとっては7年前のことなど昨日の事どころか「ほんのさっきの事」なのである。神々の世界には時計がない。つまり人間側が勝手に決めいる〝時間〟なる概念、観念は無いのである。神様は年をとらない。女神様たちは、何万年たっても若くて美しいままだ。

『あしたの世界P・2』の23頁を開けたままにしておいた。すると金神さんがまた話し始めた。

「天之常立、国之常立と書いているその『常』という漢字のことなんだが、漢字を当てるとすれば寝床《ねどこ》の床《とこ》の方が適切なんだ。『ゆか』のことだよ。『立』はそのままでいいがその下に『地』をつけるべきだよ」と言う。そこで私は『天之床立地《とこたち》の神、国之床立地《とこたつち》の神』と白紙に書いてみた。

「それで良い」と神は言う。続けて、

「国之床立地の神と国底立神《くにのそこたちのかみ》とは同じ神でワシのことだ」と言う。

「え〜、それじゃ〜、十八神の構成が違ってきますねー」と私。

「すまんけど書き直してくれんか」と言う。もじもじしていた理由がはっきりしてきた。

国之床立地の神様の親神様は天之床立地の神で、天之床立地の神というのは銀河系の中で星を造り出す神であることを教えられた。我が天の川銀河以外でもたくさんの銀河があるので天之床立地の神は多くの分神が居るという。

うしとらの金神さんこと国之床立地の神は天之川系銀河の「天之床立地の神」の分神ではあるが、我が太陽系内、地球の創造神ということになる。すると、天之川系銀河の創造神は誰かということが問題になる。そこでそのことについて神に質問すると、

「うましあしかひの神」と答えた。聞き間違いかなと思った。

「うましあしかひひこちの神では」と。

「違うんだ、そこは二神だ」と神。

「するとブラックホールはどなたの作で？」と私。

「うん、銀河系ができていく過程で作られたもんで、うましあしかひの仕事じゃ」と神。びっくりした～。そこで並べ変えることにした。

① 天之御中零雷神《あめのみなかぬちのかみ》
② 高皇産霊神《たかみむすひのかみ》
③ 神皇産霊神《かみむすひのかみ》

④ うましあしか霊神

⑤ ひこちの神

⑥ 天之床立地神《あめのとこたつちのかみ》

⑦ 国狭津雷神《くにさつちのかみ》

⑧ 天之外世括網縫神《あめのとよくもぬのかみ》（注：記紀では豊雲野神という漢字を使っている）

⑨ 国狭立神《くにさたちのかみ》

⑩ 国之床立地神《くにのとこたつちのかみ》＝国の底立地神

⑪ 天之鏡神《あめのかがみのかみ》

⑫ 沫波神《あわなみのかみ》

⑬ 埿土煮神《うひぢにのかみ》

⑭ 沙土煮神《すいじにのかみ》

⑮ 大戸之道神《おおとのじのかみ》

⑯ 大戸之辺神《おおとのべのかみ》

⑰ 津零奇霊神《つぬくしひのかみ》

⑱ 活奇霊神《いくくひのかみ》

以上で十八神ということになる。

「こういうことですか」とたずねる。

「そうじゃ」と神。この神々、すなわち創造主たちのそれぞれの働きは『あしたの世界P・2』に書いたのでここでは省略する。

「面足神《おもたるのかみ》と惶根神《かしこねのかみ》」の二神はいざな気実《きみ》の神が仕事を始めてから来た創造主である」と国之床立地の神が付け加えた。つまり、その会議の席にはいなかったということである。

一ノ七　蛭子神《ひるこのかみ》

「ひるこの神」はいざな気、いざな実の神が最初の「おのころ島」を作った頃に生まれた神と記紀に書かれている。「おのころ島」とは火山のことであって、最初の火山は淡路島である。つまり、淡路島を作った後、いざな気、いざな実が結婚して作った子が「ひるこの神」だと記紀にある。これは実におかしなストーリーである。もともと、いざな気、いざな実の神は一つの意識体であって、仕事を分担するために二つに分かれただけの話である。従って改めて結婚の話などあるわけがない。40億年前、地球の海にはバクテリアなど耐酸性の小生命体はできていたが、すべて単細胞生物である。人間はまだ作られていなかった。

従って「ひるこの神」なる神がいざな気、いざな実の神を両親として生まれてくるはずがない。『あしたの世界P・2』二八頁以下に私は創造主の「つぬぐひの神」は津零奇霊神《つぬくしひのかみ》とした方がいいと書いた。国之床立地神たち十八神が会議を開いた時、この津零奇霊神もそこに居た。この当時、地球は数千メートルの海、水の惑星であって、その海は酸性の濃い海だったのである。その海にはすでに耐酸性のバクテリアが住んでいたが、その生命体を作ったのが津零奇霊の神である。では蛭子神は誰であろうか。例によって漢字は後世の当てはめた字なので、日本語の音だけを見ることにし「ひるこの神」とする。

「ひ」は日、火、陽のようにエネルギーのことである。
「る」は命の素を集め固めるという意味。
「こ」は凝るのこで固めるという意味。ヒコのコと同意。

従って、「ひるこの神」とは生命の元たるエネルギー、生命素を集め、固める神という意味になる。創造主に違いないが、さてどの神であろうか。

ある日、そのことを想って、何気なく「ひるこの神、ひるこの神、ひるこの神」とつぶやいて

いると、

「誰だワシを呼んでるやつは」と声が聞こえた。

「エビス様ですかー」と私。

「今でこそ、その名で呼ばれているが、ワシはひるこの神だ。おまえは誰だ」と言う。

「はい、池田邦吉と申します。今、古事記日本書紀を勉強しているところです」と答えた。

「で、ワシに何の用事か」と大変不気嫌そうである。

「ひるこの神様は創造主でしょうか」と私。

「そうじゃ、つぬくひだ」と神。

「つまり、つぬくひの神の別名ですか」と私。

「そうじゃ」と神。

「いざな気、いざな実の神が最初のおのころ島を作った時に同時に遠浅の海も出来たに違いないと思えますが、そこに生命体を何か作ったとすれば、耐酸性の生物ですよね。ストロマトライトのことでしょうか」と私。

「そうじゃ、その通りじゃ」と神が言う。

「ストラマトライトはオーストラリア大陸にあるハメルーンプール、つまりシャーク湾に今でも生息しているのですが、その生命体ですか?」と念を押す。

「だいたい同じだ、40億年前も今も余り変わってない」と神。

神棚にコップ一杯の水とおみきをお供えして、

「ありがとうございます」と合掌する。その後は、私の周囲に居た他の神々と何か話をしている様子で、来た時とはまったく違う部屋の空気になっていった。ずっと後になって御自身の御魂の人のヒーリングを依頼してきた。その時は大変鄭重な話し方になっていた。

さて、ストロマトライトは一見すると珊瑚の一種かと思えるが、実際は藻類であって太陽の光を利用して炭酸同化作用を行ない、酸素を作り出す植物なのである。

植物ではあるが、海中に溶けている鉄分を自分の廻りに取り込むため、非常に固い岩のようになっている。

日本の製鉄会社はオーストラリア大陸にある鉄鉱床からその原料を持って来ているのだが、その鉄鉱床はストロマトライトが40億年もかけて作り出したものなのである。その鉄鉱床は数千メートルの厚みにまでなっているところがある。

太古、遠浅の海でストロマトライトにより、酸素が空気中に出来上がっていった。更に数十億年後、大気中に酸素が充満すると酸素呼吸をする生命体がいっせいに誕生した。植物や虫類、動物がものすごい勢いで増えていった。それは生物にとって劇的な変化であった。やがて大形動物が作られていった。

津奇霊神《つぬくしひのかみ》はかくて霊流凝《ひるこ》の神となり、中世ではエビス様の名で人々に親しまれるようになっていった。ご存知の七福神の一神である。

エビス様は創造主！　いざな気、いざな実の生み出した神ではないことがこうして明らかになった。

第二章　創造主に連なる日本の神々

二ノ一　国之床立地神の分神たち

夕暮れ時が近づいていた。おみきを一杯国之床立地神に差し上げる。

「うまいな～」とつぶやいている神。創造主十八神を並び終えての安堵感が部屋に広がる。

わたしは夕食の準備にとりかからねばならなかった。神は他にも何か私に言いたいようであったが、台所に立ってしまったので筆記ができない。すると倭姫があとを引き取ってくれて国之床立地神と談笑を始めていた。

翌日の午後、また国之床立地神が来て「続けるぞ」と言う。メモ用紙とサインペンを用意した。

「十八神の会議は地球に陸地を造り出そうという話であった。その仕事をするについて、いざな気実神というわしの分神に担当させることにしたのじゃ。いざな気実神だけでこの仕事を成し遂げることは出来ないので、十八神が協力して行うことになったのだ。ワシは岩盤、今で言うプレー

国之床立地神（創造主）

- いざな気実の神
- 上筒之男命
- 中筒之男命
- 底筒之男命
（上筒之男命・中筒之男命・底筒之男命）三兄弟
- 火明り命
- 火須勢利命
- 火火出見命
（火明り命・火須勢利命・火火出見命）三兄弟
- 玉依姫神

トを作った神なんで数千メートル海底の下から手伝うことにした。他の神々もそれぞれの分野で担当する仕事を決めたんだ。

その後でいざな気実神は岩盤より下を担当するいざな実と海から上を担当するいざな気神の二神に分かれた。

神には人間界のような結婚の話や男女間の関係というのはないよ。人間の形はまだなかった。人類が生まれるよりはるか昔の大昔の話なんでな。記紀の話は間違いがどの辺にあるかくによしは分かるであろう」と言う。部屋に誰か他の神が入ってきたような気配を感じた。

「どなた様でしょうか」と尋ねると、

「底筒之男命《そこつつのおのみこと》」と答える。

「何か用事で」と私。

「地震の件で神様に報告することがあって……」

と言う。

「底筒之男命様は大阪の住吉大社に祭られている神のはず、その神様が別の神様に地震の報告ですか」と私の質問。すると国之床立地神が言った。

「底筒、中筒、上筒はワシの分神でな。それで親である私のところに最新の地震情報を報告に来るんじゃ」と言う。私と国之床立地神との会話が中断した。この時の底筒の神の話はおおむね以下のようであった。

8月中旬に東北関東の太平洋側で地震が続き、秋田県の内陸部でも地震の多発帯が出現する。同時に新潟県の沖合でも海底地震が始まるという。あと1ケ月と1週間後に迫っている話であった。

「今、九州では火山活動が盛んですが、東北地方から関東にかけて火山はどうでしょうか」と底筒之男命に尋ねると、

「火山はワシの仕事ではない。火の神三兄弟の仕事だぞ」と言う。火明《ほあか》り、火須勢利《ほすせり》、火火出見《ほほでみ》の三兄弟のことだ。

「くによし、火の神三兄弟はわしの倅《せがれ》じゃ、火山情報も地震情報もわしに聞け」と国之床立地神が言う。びっくり仰天。しばらくは声も出ない。

「いざな気、いざな実が淡路島、大台ヶ原（奈良県）四国、九州、中国地方の原形を造り終ると、

一枚だった海底の岩盤が三層になった。陸の岩盤と深海の岩盤、それとその二枚にはさまっている中間の岩盤の三層のことじゃ。そこでワシも三層の意識体になった。これが上筒男命、中筒の男命、底筒の男命じゃ。くによしも知っているとおり、大阪の住吉神社に祀られている三神のことじゃ」と国の床立地が話す。さらに続けて、

「火の神三神はワシの倅と言ったが、火山が爆発すると火山岩ができて火災が発生するだろ。それで三兄弟が生まれた」と言う。

「男の兄弟ばっかり造り出しているんですね」と私が言うと、

「そうでもないぞ。玉依姫神《たまよりひめのかみ》はワシの娘だぞ」と言う。玉依姫は京都の下鴨神社（＝世界遺産）の祭神である。超美人の姫神である。

火の神三兄弟は木の花咲くや姫の子ではないことが明らかになった。前章で木の花咲くや姫はににぎの命の嫁には行ってないと証言している。海幸彦、山幸彦の話は単なるお伽話である。大和朝廷の創建者神武天皇は火火出見命の分け御魂で明治天皇と同魂である。

二ノ二　いざな気神の分神たち

国之床立地神が「いざな気実神は自分の分神」と教えてくれた翌日の午後、いざな気神が我が家を訪れた。いざな気神が来たのはこの日が初めてではない。いざな気の神の分け御魂の人々のヒーリングを度々頼まれていたからすっかり旧知の仲になっていた。私のことをよく知っている神だ。

「今からおおよそ40億年前国之床立地神の分神として生まれた」といざな気神が話し出した。私の心の中にあった神への質問を見抜かれている。

「淡路島、大台ヶ原、四国、岡山などの中国地方、九州や他の島々を作るのにおよそ1千万年ほどかかった。海上から顔をのぞかせた山々、それは大部分火山であるが、陸地が出来ると大気が動くようになった。海と陸とでは気温差が出来るからである。大気は暖まると上昇する、その時風が発生する。それが大自然というものである。自然のメカニズムというものは一度出来上がると永久に続くもので「風の神」は存在していない。もし「風の神」なる神がいるのであれば、それはワシのことになる。大気圏を担当したのだからいざな気と言う。

海から来る風は水気を含み、山腹に添って上昇する。上空で水分が固まり合って霧状になる。霧は雲を作り。やがて雨をもたらす。降った雨は山々を削って岩を作り、砂が出来、やがて土と化す。その結果大地が広がる。

大地を作るのが任務だったから、この大自然のメカニズムにワシの意識を加えた。その時、分神が生まれた。国《くに》の狭霧神《さぎりのかみ》と国の闇戸《くらと》神すなわち雲を作り出す神である。次に闇水発神《くらみつはのかみ》すなわち雨の神。雨が降ると水道《みずみち》が出来る。それが国之水分神《みくまりのかみ》で、後に水田に水を導く農業神の一員となっていった。土はあらゆる生命の土台となるので土の神を生んだ。ずっと後になって農業神の一員となった。

川によって海岸に運ばれた砂は浜を造り沖合に島があると、海岸と島との間を浜でつなぐ。つまり大地が広がることになる。その仕事も重要なので沖之渚彦神《おきのなぎさひこのかみ》を生んだ。

山々は生命体をはぐくむ重要な働きをするので山の神を造った。大山津見神である。すると、大山津見神は自らの分神を造り出した。大山杭《くい》の神や野の神（鹿屋野姫神《かやのひめのかみ》とも言う）奇稲田姫神《くしいなだひめのかみ》たちである。山々は日本中にたくさんある。大山津見神は、それぞれの山に多くの分神を置いている。

西日本の大地を造り終った頃、その成果をアチコチ見て廻った後で、日向《ひゅうが》（今の宮崎県）の立《たち》端《はな》の大戸《おと》の阿波岐原《あわきがはら》（現在のシーガイアの敷地）に立った。

——立端《たちはな》というのは海底のプレートが陸地に顔を出している崖の上のことで、大戸とは岩盤の意味である。——

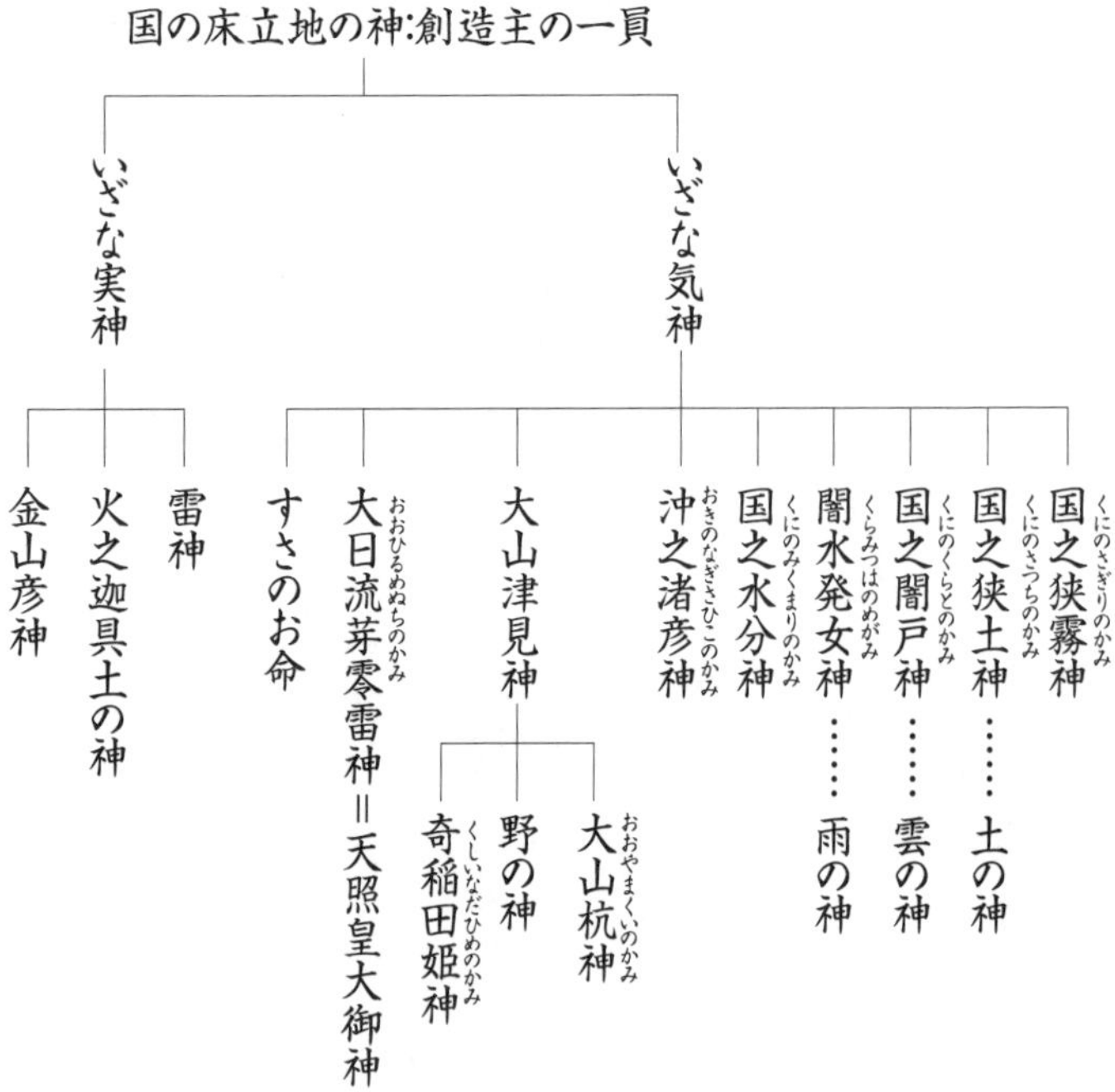

その時、「この後どのようにしようか」と考えていると、次世見神《つぎよみのかみ》が現われてアドバイスしてくれた。その神は創造主である。

次世見神の助言に従って、大地を照らす神（後に天照皇大御神と呼ばれるようになった）と大地を作り続ける神（すさのおの神）を生み出した。

さて、一方でワシの分神たるいざな実の神は雷神と火の迦具土《かぐつち》の神と金山彦神を生んだ。

ところで、次世見神が現われた頃、阿波岐原の崖の上から海を見ていた時、厚い雲が割れて太陽の光が海を照らした。光の束（光条）が海も大地にも差し込んできた。その光景を造り出したのは別の創造主で天之御柱神《あめのみはしらのかみ》であった。この神は後にしなつひこの神と名乗る。

おおよそ30億年前、すさのおが大陸を生み出しているのを見て、天之御柱神に案内されて宇宙の中心である神々の住まう神界へ上った。その時に天照皇大御神もいっしょに上った。それでワシラは上《のぼ》り魂《たま》と言われる。

今からおおよそ10億年前、神業を終えて地球に戻ろうとすると、すさのおはまだ大陸を作り続けていた。大気は火山灰で濁り下界は見えなかった。そこでもう少し地球を見守ることにして大気圏の遥か上空に留まっていた。

二ノ三　天照皇大御神

九州は宮崎県の高千穂町岩戸に天岩戸神社がある。ここの祭神は大日流芽零雷神《おおひるめぬちのかみ》と天照皇大御神である。

いざな気の神が大戸のあわきが原で分神を作った時の名が大日流芽零雷神で後世、天照皇大御神と人々が言うようになった。仏教界では大日如来と言う。太陽信仰は世界中にある。古くはエジプト文明でラーと言われた神であり、ギリシャ神話ではジュピターとして登場している。

天皇家の紋章は太陽の光をデザインしたものであり、菊の花ではない。

さて、天岩戸神社の巨大な手水鉢には「洗心」という二文字が彫《ほ》られている。ここの宮司たちは参拝客に神社境内にある建物群を説明し終ると、谷底の対岸を指差して、「あちらに見えますのが天の岩戸です。昔阿蘇山が大爆発した時、ここまで溶岩が流れてきてそこに出来た空洞です」と案内する。続けて、

「今から三万年前、ここらあたりは海でした。その海底に火山があって、大爆発し、周囲が隆起し、その上に溶岩が流れて、こんな地形になっています」と地質学的説明をして終る。

つまり、創建は比較的新しい神社だ。

「天之岩戸など存在しないよ」と言ってのけるのは天照皇大御神である。

「その話は人間が作ったお伽話でな〜。天之岩戸など存在してないのだから天のうずめの命なる神も存在していないし、手力男の命も存在していないよ」と言う。話が続く。

「親神（いざな気神）が地球を見に行ってなかなか神界に戻って来なかったので、どうしているかとワシも神界を出て地球に向かった。地球に近づくと大気圏より上空にいざな気神が居た。尋ねるとすさのおがまだ陸地を作り続けていて降りられないのだと言う。そこでワシもそこに留まることにした」と言う。

いざな気神と天照皇大御神は相談して、神界から神々を呼び、会議をすることにした。その

天照皇大御神

- 多紀理姫神
- たぎつ姫神
- 市杵嶋姫神
- 天之忍穂耳命
- 天之菩霊の命
- 天津日子根の命（にぎはや日の命）
- 活津日子根の命
- 熊野奇霊の命

会議の結果、すさのおを一度ここへ来させて天照皇大御神と出会わせるという話が決まった。

「ワシは女装などしなかったぞ～」と天照皇大御神が私に言う。当時まだ人間が作られていなかったので神々は意識体のままで光っていたのである。すさのおと会議をしてこの後は天照皇大御神が地球の統治をすることが決まった。そこで天照は三神を生み出した。たぎり姫神、たぎつ姫神、いちき島姫神である。三神といっしょに地球に降りようとすると、「ちょっと待った」と声をかけてきた神がいた。次世見神であった。いざな気の神が日向の立端の大戸のあわきが原で考え事をしていたときに現われた神で創造主である。その創造主とは天之外世括網縫神《あめのとよくもぬのかみ》のことで8番目の創造主だと言う。つまり天之外世括網縫神の分神が次世見神と言う。
「今でこそ、伊勢には月読宮があるが、次世見神が祀られている」と天照皇大御神が説明してくれる。その月読宮は道路一本へだてて倭姫神社と向き合っている。
「月の神は日本にはおらん」と天照皇大御神が言う。続けて
「月の女神はヨーロッパに居て、アフロデーテのことじゃよ」と言う。

「ちょっと待った」と声をかけてきた神は、

「ワシが先に下に降りて地球の様子を見てくる」と言う。しばらくして戻ってくると、

「日本がまだ出来てない。未完成のままだ」と言う。そこでもう一度神々を集めて会議を行なった。その結果次世見神は八嶋地生神を分神として造り、木の花咲くや姫との二神で日本を完成させるべく降りることになった。天照皇大御神と三姫神はしばらくの間待つことになった。

この件は人間時間にして今からおおよそ一千七百万年前のことだったと神は言う。

下界に降りた八嶋地生神は関東や東北地方に山々を造り出した。東北地方の月山には次世見命が祀られている。500万年後、八嶋地生神は大国主命を分神として宇宙の中心、神々の世界に戻った。八嶋地生神の後を継いだ大国主命は自ら次々に分身を造って日本の国々を完成させていった。そこで天照皇大御神も再び地球に降りる段取りに入った。その時男神の神五神を生み出

した。

天之忍穂耳《あめのおしほみみ》の命《みこと》、天之菩霊命《あめのほひのみこと》、天津日子根《あまつひこね》の命《みこと》、活津日子根《いくつひこね》の命《みこと》、熊野奇霊《くまのくしひ》の命《みこと》である。天照皇大御神は男神の五神を順番に下界へ降ろし、大国主命の仕事ぶりを天照皇大御神に報告させた。五神の内の三番目の神、天津日子根の命はずっと後に賑《にぎ》はや日の命と改名した。一方で三姫たちは大国主命の仕事を助けるために下界に降りた。神々には人間界で言う結婚の話はない。肉体を持っていず意識体のままだからである。

二ノ四　天之御柱神＝しなつひこの神

いざな気神があわきが原で物思いにふけっていた時、厚い雲をのけて海と大地に光を下した創造主が現われた。名を天之御柱神と言い、その後いざな気神と天照皇大御神とを宇宙の中心である神界へ案内した神でもある。後世この神は志那都比古神《しなつひこのかみ》と神名を変える。

拙著『光のシャワー』を刊行した2008年秋にこの本を全国各地の読者にサインをして発送した。この作業が終った頃、部屋に誰か来た感じがした。

「どなた様でしょうか」と尋ねると、

「しなつひこの神」と答えがきた。

「今日はわざわざ伊勢からお見えですか」と私は尋ねた。しなつひこの神は伊勢神宮の外宮と内宮とに祀られている神である。

「そうだ」と神は言う。

「どういう用事でしょうか」と私。

「あんたの本、読んだよ」と言う。

「光のシャワーのことですか」と私。

「そうだ」と神が言う。おそらく、私の読者の内にしなつひこの神の御魂分けの人が居てその人といっしょに読んだに違いない。

「その本に興味があるんですか」と尋ねてみた。

「あんたの事はずっと前から知っていたが今度はヒーリングの本を書くとはネー。びっくりしたよ」と神が言う。

「ずっと前からと言われましたがいつ頃でしょうか」と私。

「１９９７年春」と神が言う。その頃の私はまだノストラダムスの預言書を研究中であった。しかも東京に居た。

「あんたの事はノストラダムスの研究家だとばかり思っていたのだが、ヒーリングをしているんだね～」と言う。ここで私はこの神様に一つ質問をしてみようと思った。「あしたの世界（最初の本）」の162頁に書いた絵を神に見せて、

「神は創造主のことだと私は思っているのですが、この絵は私が書いたものです。これで正しいですか」と尋ねた。すると、

「その通りだ」と言う。そこで次なる質問、

「しなつひこの神は創造主の一員ですか」と尋ねた。すると、

「そうだ」と神は言う。創造主の絵は1997年春に書いた。しかもその絵は東京に居たある著名なヒーラーさんの目の前で書いたのである。従ってしなつひこの神はその時、その家に居たに違いない。しなつひこの神が創造主の一員であることを知った私はその後この神がどの創造主の分神であるか謎解きに入った。むずかしい問題の解読が好きな私である。常識的な事項には興味がない。解読の錠は名乗っているその神名にこそある。日本語のいろは四十八字にはそれぞれの意味がある。これを音魂と書いてことたまと読む。

「し」は動植物が繁殖する様子、しげるのしの意味。

「な」は菜っ葉や魚のなを意味する。つまり生命体のこと。

「つ」は包む、作るのつである。

「ひ」は火、日、陽のようにエネルギーのこと。

「こ」はエネルギーを固める、固体のこである。


「しなつひこ」というのは生物を創り発展進化させる神のことと解される。すなわち吾屋惶根神《あやかしこねのかみ》（創造主の一員）の系統であることが分かった。しかもしなつひこの神は自ら創造主だと言った。従って地球外で生まれた創造主の一員だということである。その瞬間、

「よく分かったな〜、その通りだよ」といつのまに現われたのかしなつひこの神が言う。

「伊勢神宮の別宮、風日祈宮《かざひのみのみや》は風の神が祀られていると解説書に書かれていて、しなつひこの神は一般的に風の神と言われているのですが……」と私。

「漢字が間違っている。太陽の日を翳すという意味だ」と神が言う。そうすると翳日祈宮《かざひいのりのみや》ということになる。

「ワシな〜。第2次大戦中は神風と誤解され、神の名の下にあたら若い命を失なわしめた。思い上ったる軍部の連中はけしからん」と怒り心頭に発している神であった。胸が熱くなって涙があふれそうになるのをぐっとこらえた。声が出ない。

「くによしー。おまえは戦後生まれなのに私らの気持がよく分かるな〜」と神は言う。

その時、すっと誰か別の神が部屋に入ってきた気配を感じた。気を取り治して、

「どなた様でしょうか」と尋ねた。すると、

「大綿津見神《おおわたつみのかみ》」と言う。福岡市の北端、博多湾の最も北側に長い海岸がある。通称「海の中道」と言う。その海の中道の最西端に島があって志賀島と呼ばれている。その島に志賀海神社があって大綿津見神が祀られている。志賀海神社は大綿津見神の総本社である。一般的にこの神様は海の神と思われている。

しなつひこの神が我が家に来るとしばらくしてこの大綿津見神が現われる。当初はどうして大綿津見神が我が家に来るのかさっぱり理解が出来なかった。しなつひこの神の興味はノストラダムスの預言書にあると思えたのだが、大綿津見神は何に興味を持っているのだろうか。

二の五　大綿津見神

このあと大綿津見神が頻繁に我が家を訪れるようになったので私は音魂《ことたま》を使ってこの神がどのような神か解読してみることにした。

「お」は生命発生の根元を表す音魂

「わた」は腹綿のワタ、やわらかい物という意味
「つみ」は海のことである。

つまり、大綿津海とは海で、やわらかい生命体、すなわちタコやイカ、魚等を作る神という意味である。すると創造主の一員に違いないと思えた。そこで志賀海神社に行くことにした。晴れて気持ちの良い日を選んだ。九州自動車道に乗って、福岡インターで都市高速に乗りかえる。東区で降りて、その後は海岸線で海の中道に入る。右は玄界灘、左は博多湾、潮風が気持ち良い。やがて神社に到着。さっそく参拝をする。境内は誰も居なかった。伊勢神宮の参拝作法と同じ方法で参拝した。すると「よう来てくれた、よう来てくれた。うれしいぞ」と大綿津見神が感激して迎えてくれた。参拝を終って再び運転の身となった。走り出すと、車の後部座席に誰か乗っているように感じた。聞くと大綿津見神だった。

「うれしくて、家まで護衛する」と言う。

「狭い車中なのに申しわけありません」と言うと、

「そんな事ない、快適だよ」と言う。

「くによしは運転がうまいなー、何年くらい運転しているのか」と聞かれる。

「十八才から運転していますので、かれこれ40年以上になります」と私。

面足神《おもたるのかみ》

- 白山姫神
- みつはの女神（＝泉の女神）
- 瀬織津姫神
- 速秋津霊子の神
- 速秋津姫神

（速秋津霊子の神・速秋津姫神）水神

67ページの系図に間違いがあり、上記が正しいものです。お手数ですが差し替えをお願い致します。

車はやがて高速に入り、九州自動車道に入った。するとパトカーが私の後ろに接近して来た。スピードを緩めた。するとパトカーが私の車を追い抜いて私の前を走る。パトカーを追い抜かないように八十キロで走った。

後部座席の神様に尋ねた。

「大綿津見神は創造主でしょうか」と。

「そうだ、よく分かったな」と神が言う。

「ひょっとして、惶根の神の分神でしょうか」と私。

「その通りだ。しなつひこは弟だ」と言う。

「道理でしなつひこの神が我が家に居ると大綿津見神が来るわけだ」と私。

「ワシには妹たちもおる」と神様。

「一般的に大綿津見神は海の神と言われてますが……」と私。

「ワシは海神ではない。海の生物を作っておる。海の神は豊玉で妹だよ」と神。

「豊玉姫神は海の神で創造主なんですかー」と私、びっくり仰天である。

いつの間にかパトカーが見えなくなっていた。スピードを上げる。

家に戻って、さっそくコップに水を満たしおみきを差し上げる。するとしなつひこの神が来ているとと察した。

「とうとうバレたか〜」としなつひこの神が言う。

「大綿津見神はしなつひこの神の兄さんだったんですね。それでしなつひこの神がここに来ると大綿津見神も来るということなんですね。惶根の神は海でも山でも生物を作り続けている神のようですが、この系統の神は他にもいるんですね。生物は多様な種類がありますよネー」と私。

「うん、いざな気の神たちが陸地を作り出したころ、太古の昔、目を持たず大地をはいずり廻る虫を作ったのが大戸まといの女神。この女神が作った虫類は現代でも形は進化しているが居るよ」としなつひこの神が言う。

吾屋惶根の神
- 大綿津見神
- 豊玉姫神＝海神
- 天之御柱神＝しなつひこの神
- 大戸まといの女神
- 飽食《あきくい》の虫の神
- 天の鳥船神

「陸上に古代の植物が繁茂してくるとこれを食する虫を作ったのが飽食之虫の神。この虫類をベースとして空を飛ぶ昆虫を作ったのが天の鳥船神じゃ」と続く。

「こういう昆虫類は酸素が大気中に多くなってくるに従って作られていった。いずれも億年単位の歴史の中で発達させた生物である」としなつひこの神が言う。

いざな気神たちが陸を造った時、海岸も出来た。海面に近い海底、深海底、その中間の海底と海の底が変わったので、そこに住む生命体もそれぞれに適応させることにした。海面に近い部分に住む生命体は上津綿津見神が担当し、中間部は中津綿津見神にさせ、深海では底津綿津見神が担当することにした。この三神は大綿津見神の分神である。海の生命体もそれが住む場所ごとに形が異る。

二ノ六　泉の女神様

倭姫が我が家に来る日は必ずと言ってよいほどに誰か他の神様を同伴していた。そのことについて当初は余り気にならなかった。私とは関係ない神様のように感じたからである。倭姫とは非常に親しい間柄のようであった。ある日、その事について倭姫に聞いてみようと思った。

「いつもいっしょに来ている神様はどなたですか」と。

「奈良の川上神社の祭神です。私ととっても仲がいいのよ」と倭姫。「日本の神々の事典」（学研）で調べてみるとその祭神というのは「みつはの女神」のことだと分かった。水が発するところの女神なんで泉の女神様のことだと直感した。ラテン語でＦＯＮと書く。フランスではラフォンテーヌの名で有名な神である。

「世界中で知られている泉の女神様のことですね」と私が言うと、

「その通りです」とみつはの女神様が答える。

「どうしてうちにいつも遊びに来ているんですか」と私の質問。

「末廣武雄は私の御魂分けで、ずっと守護しています。それで由美のことも由美が生まれてくる前から知っていました。由美が倭姫の御魂分けであることも、もちろん知ってました」とみつはの女神様が言う。びっくり仰天した。

「あなたが北九州に来てくれて、由美と武雄のめんどうを見てくれるようになって、とっても感謝してるわ。あなたが来てくれなかったら武雄はとっくの昔に死んでたわ」と言う。

「へエ〜、そうだったんだ〜。神様に感謝されるなんて、恐縮です」と私。

「あなたが北九州に来てすぐに武雄の家にグラスコールをつけてくれて、とっても嬉しかったわ。あれで武雄がずいぶんと助かったし、私たちも素晴しい水をいただけるようになったの」と言う。グラスコールのことについては拙著『あしたの世界P・3』の56頁以下に詳述してある。

つまり、由美の父親武雄の魂がみつはの女神で由美の母親の魂が倭姫、ついでに由美の魂も倭姫、それでみつはの女神と倭姫と仲が良くて、友達のようにつき合っているのだと分かってきた。

「グラスコールの工事、見てたんですか、びっくりしました。すると、その時初対面だったんですネ」と私はみつはの女神様に言った。すると神は、

「いいえ、私、あなたのことはあなたの学生時代から知ってます」と言う。ここでまたまたびっくり仰天してしまった。声も出ない。しばらくして気を取りなおし、

「学生時代ってことは大学時代のことですか」と私。

「ええ、その通りよ。東京工業大学には私の魂の人たちがいっぱいいるわ。特に化学学科と応用化学科が多いのだけど。でも他の分野にも居るの。あなたが東工大の建築学科にいた時、2年後輩の学生がいて、その子が私の魂の子なの。彼はずっとあなたにあこがれていて、というのはあなたの建築デザインに関してその天才性に惚れ込んでいたわ。卒業してもあなたの後を追いかけていって、とうとう、一諸に建築設計事務所を立ち上げたでしょ」と言う。余りのことに私は声を失なってしまい、これ以上の会話が不可能となった。それでもみつはの女神は話を続けた。

「設計事務所を解散した時の彼の悲しみはそれはそれは大変でした。でもね、あなたが九州に来てくれたお陰で私、ほんとに助かったのよ」と続ける。

「あなたのヒーリングパワーと技術が素晴らしくて、武雄はどんどん回復していったわ。あなたが武雄のヘルニアを発見してくれてすぐに病院で手術させたので武雄は命びろいしたの。もしあの時、そうしてなかったら、武雄は苦しみの中で死んでたわ」と言う。しばらく間があった。そ

してまた神は話し出した。

「私には姉と妹たちがいるの」と言う。みつはの女神さんの姉さんというとどういう神様だろうかと思った。すると、白山連峰の山々が白い雪をかぶった様子が目に浮かんできた。それはかつて、位山《くらいやま》の頂上から見た光景であった。

「白山神社の白山姫神」と私が言った。

「その通りよ。姉なの」と女神様が言う。

「妹さんは瀬織津姫神でしょ」と私。

「その通りよ。妹よ。そしてもう一人いるの」

「水神さんでー」と私。いつの間にか声が出るようになっている。一息入れた。

「姉妹がいるということは親神様がいるということですよネー」と私。

「その通りです」と女神さん。

「ところで、みつはの女神様は創造主ですか」と私の質問。

「その通りよー」と神が答える。

「ええ〜、そうだったのー」と、そばにいた倭姫がびっくりして叫んだ。続けて、

「知らなかったワー」と言う。そのあと倭姫とみつはの女神様との会話が長く続いているらしかった。その間に私は本を出して、創造主の一覧表が書いてある頁を出しておいた。頃合いを見はか

らって、私は尋ねた。

「みつはの女神様、親神様はここに書いてある神様ですか」と。

「面足神《おもたるのかみ》」と言った。何と面足神は真水を造り出す創造主だったのである。

その時、誰か部屋に入ってきた気配がした。とても清々しい空気が部屋中を満たした。

「私が呼んだの、姉と妹よ」とみつはの女神様が言う。

二ノ七　白山姫神

「あなたのことは妹からいろいろ聞いているから知ってるわ。自己紹介はいらないわ」と白山神社の神が言う。

「水は全ての生命体の命の基なの。私たちはいざな気の神が陸地を造り出してすぐに地球に来たの。真水を造るため、そしてあらゆる生命を生み出す準備のためよ」と。

「人は神棚にコップ一杯の水を置くでしょ。水が命の象徴だからよ」と続けた。

「白山姫様って、雪女の主人公ですよネー」と由美が言った。

「それは民話ですけど、モデルになってるのはいつも私ね」と白山姫神が言う。

「私、一つ困ってることがあるんだけどー」と姫神。

「何のことでしょうか」と由美。

「私ね、よくマリアと間違えられちゃうの、それで困ってるのよー」と姫神。

「白い装束と白いベールをかぶっているからでしょ」と由美。

「そうなのよネー」と姫神。

「マリアはここにいるじゃない。くによしの母親よ」と話を続ける。女同士の話になったので私は会話の輪からはずれた。夕食の準備をしなくてはならなかった。しばらくして由美が、

「あのねー、三姫が今日は泊まっていくと言ってるわよー」と声をかけてきた。

「どこに泊まるんだい」と私はまな板から目を離さずに由美に大声で言った。

「お父さんの家だって」と由美。

「おやじさんの家のどこの部屋に泊るのか聞いといてくれよ」と私。

「あのねー、1階の仏間、和室だってよー」と由美が返してくる。

「分かった」と私。そうは言ったが少々心配になってきた。ちゃんと片づいているのだろうかと。

　翌日、由美の父親の家に行った。

「あのな〜、おやじさんよ〜、神様がいるぞー」と言った。きょとんとして何の話か分からないらしい。もう一度私は言った。

「神様がいるぞー」と。

「だから何だ。又、非科学的な話か」と言う。

「おやじさんの守護神が誰だか分かったんだよ」と私。

「ふーん」と興味がなさそうだ。面倒くさそうにしている。さっさと帰ってくれと心の中でつぶやいているのが分かった。

「奈良の川上神社の泉の女神様が祀られていてな、その方、創造主なんだって。その泉の女神様がおやじさんの守護神でな、絶世の美女なんだってよ。その美女の神様がな、毎日この家に来てんだよ。この部屋にいつもいるんだってよ」と私は言った。何の話をしに来たのかようやく分かってきたらしい。

「その神様、水の神だよな。古事記やなんかに出てるんだろ」と言う。

「うん」と私。

「先生よー、古事記や日本書紀に出てくる神様ってのはほんとにいるのか」と私に聞く。

「うん、神様はいるぞー」と私。

「で何の用で来たんか」とおやじ。

吾屋惶根の神
- 大綿津見神
- 豊玉姫神＝海神
- 天之御柱神＝しなつひこの神
- 大戸まといの女神
- 飽食《あきくい》の虫の神
- 天の鳥船神

「あのなー、パンツここに干すなよー」と私。洗濯物をいつも仏間の長押《なげし》にひっかけていたのである。顔を真赤にして下を向いたまま話をしなくなった。しかたないので、私が洗濯物をはずし出した。すると、

「ここに置いてくれ」とダイニングルームの椅子を示した。

「分かったよ」と言う。「絶世の美女か」とつぶやいている。「道理でなー」と言う。

「何のことか」と私は聞いた。

「水道局の職員だったもんなー、ずっと定年までな」とつぶやいている。

二ノ八　にぎはや日の命《みこと》

「ワシはにぎはや日の命だ」と言って我が家を訪れた神がいる。

「あんたのことは昔からよく知っているよ」とその神は言う。

「命様の御魂分けの方が私の読者の中に居て、命様は私の本を読んでくれたのですか」と尋ねてみた。何だかくすくす笑っておられるような感じを受ける。

「ワシのことを本に書いてくれたろ。おまえのお陰で、仕事がしやすくなったモンがいるよ」と

言う。身に覚えのない事だったので、

「ああ、そうなんですか」と私は言い、

「ところで、きょうは私に何か用事でしょうか」と話を続けた。

「遊びに来たんだ」と言う。

「へェ〜、神様が私の家に遊びに来ることなんてあるんですかー」と私。かってにぎはやひの命様の名を聞いたことがあった。思い出してみると、昔、関西日本サイ科学会で講師をした時、その神様のことを研究している学会員と出合っていた。

「にぎはや日の命様は、天照皇大御神様の系統の神と、人に聞いたことがありますが」と私。

「その通りだよ」と命様が言う。

「天照皇大御神様の何番目のお子様ですか」と尋ねた。

「三番目の男子系」と命様が答える。

「その神様は天之日子根命という名前のはずですが」と私。

「改名したんだよ」と命様。続けて、

「天之日子根ではちと地味だな、天照の系統の人々が発展し、栄えるようにと、にぎはや日の命と名を変えたんだー」と命様が言う。「ああ、そういうことだったたんだー」と私は思った。するとかって私が書いた人の名が頭に昇ってきて、命様が言った話が何のことか分かった。その方とは今でも親しくしているが、電話で気軽に話をする人だったのである。神様が遊びにくるわけだ。

「ところでー」と言って私は命様に話しかけた。

「いつもは江東区の亀戸天神社におられますか」と。

「そうじゃ」と神は言う。

「何で天神て言うんですかね」と私。天神社と言っているのに、この神社は天照系の男神五神が祀られているのである。

「天神というのはな、天照皇大御神の略号なんだ」と命様が言う。

「それじゃ、菅原道真と関係ない」と私。

「うん」と命様。

「道真を祀ってる神社は太宰府天満宮と京都の北野天満宮との二ヶ所だけだよ」と命様が続ける。

全国に天神という名の町名がいたるところにあるのだが、天神というのは天照皇大御神の略であることがこの時初めて分かり、びっくり仰天。

「お茶の水にある湯島天神の祭神は」と私。

「天照皇大御神」と命様。神棚にコップ一杯の水を置き、おみきをお供えして、

「ありがとうございます」と合掌。

菅原道真の御魂は多紀理姫神の御魂分けで天満宮に祀られているが「そこに私は居ません」。まだ人間として輪廻転生を続けているからである。そんな例はたくさんある。

第三章　私の守護神たち

三ノ一　三人の天使たち

明日65才の誕生日を前にして、今日まで実に多くの神々、天使たちに見守られながら生きてこれたのだな～と実感する。昨日までに私のところを訪れてくれた神々の中には初対面の神様もおられたが、大部分の神々は我が家に来る前から私のことを知っていたようだ。恐縮する限りであるが、私だけでなく全ての人々が私のケースと同様の事態になっているのである。ただ多くの人々はその事に気づいていないだけなのだ。

人の魂は神の分け御魂なので、自分の分けた魂の人を神は放っておきはしないということなのである。それを〝守護する〟と言うが、守護の形にもいろいろな段階があるようだ。その人を指導したり、あるいは非常に積極的に神の仕事を手伝わせようとしたり、あるいは遠くからその人の人生を見守っているだけのこともある。これは守護していないのと同じだ。

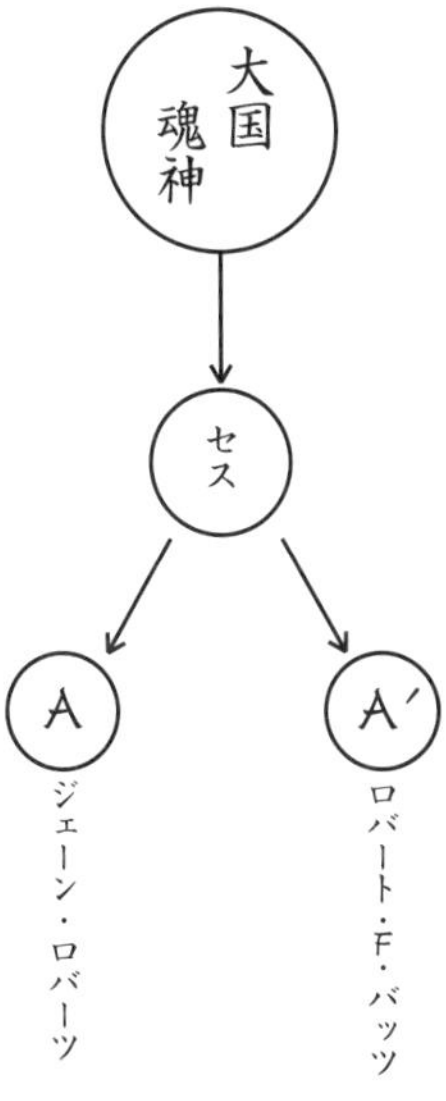

3-1図

たとえば本著の冒頭に登場しているセスの場合、『セスは語る』という本を書いたジェーン・ロバーツと彼女の夫はセスの分け御魂であり、セスは大国御魂の神の分神である。これを図にすると左のようである。

この3―1図でA、´Aは人間であるが、大国御魂神と書いた部分を「国之床立地神」としてセスの部分を「いざな気実神」とすると、Aはいざな実神、´Aはいざな気神となるから、神が神を作る場合と神が人を作る場合では同じパターンになっていることが分かる。

まだ神になっていない人の霊が人を守護するケースもある。その場合、霊体は神様にそのことを願い出た上で、許可をいただいた場合に、限られる。

私の母は私が5才の時に亡くなった。亡くなってからしばらくして、地上に残して来た三人の息子たちの守護に関して、神様にお伺いを立てたところ許可されたと言う。そこで地上に戻ったところ、私の後に創造主が控えており、私の左側にはノストラダムスがいたという。そのこと自体には別に驚かなかったが、というのは予め、そのようになっていると守護を許可した神から話を聞いていたからだと言う。「だけど」と母は私に言った。

「すごくびっくりしたのは、そこに居た創造主からあなたの履歴を聞かされた時だったわ。日本の歴史上、有名なある人だったの。どうしてその魂の子を生まなくてはならなかったのか、その時はまだ分からなかったわ」と言う。

「ノストラダムスが私の左後方に控えていたことについて何か異和感がありませんでしたか」と母に尋ねると、

「それは当然のことなの」と言った。

まだ小学生になる前から私は一人の創造主に指導され、ノストラダムスと母の二神から守護されていたことになる。ただし、この頃は母とノストラダムスはまだ神界に入ってはいなかったのだが。

小学生時代に、三人の天使が私の頭上に来ていたことについては『あしたの世界』128頁以下に書いた。その三人の天使たちはノストラダムスと私とをつなぐ天使、母と私とをつなぐ天使、創造主と私とをつなぐ天使とそれぞれ役割を分担していた。

創造主と母とノストラダムスは私の守護ばかりしているわけにはいかなかった。それぞれに役割があって忙しかったのである。そこで後についておれない場合は三人の天使が私を見守ってくれていたのである。

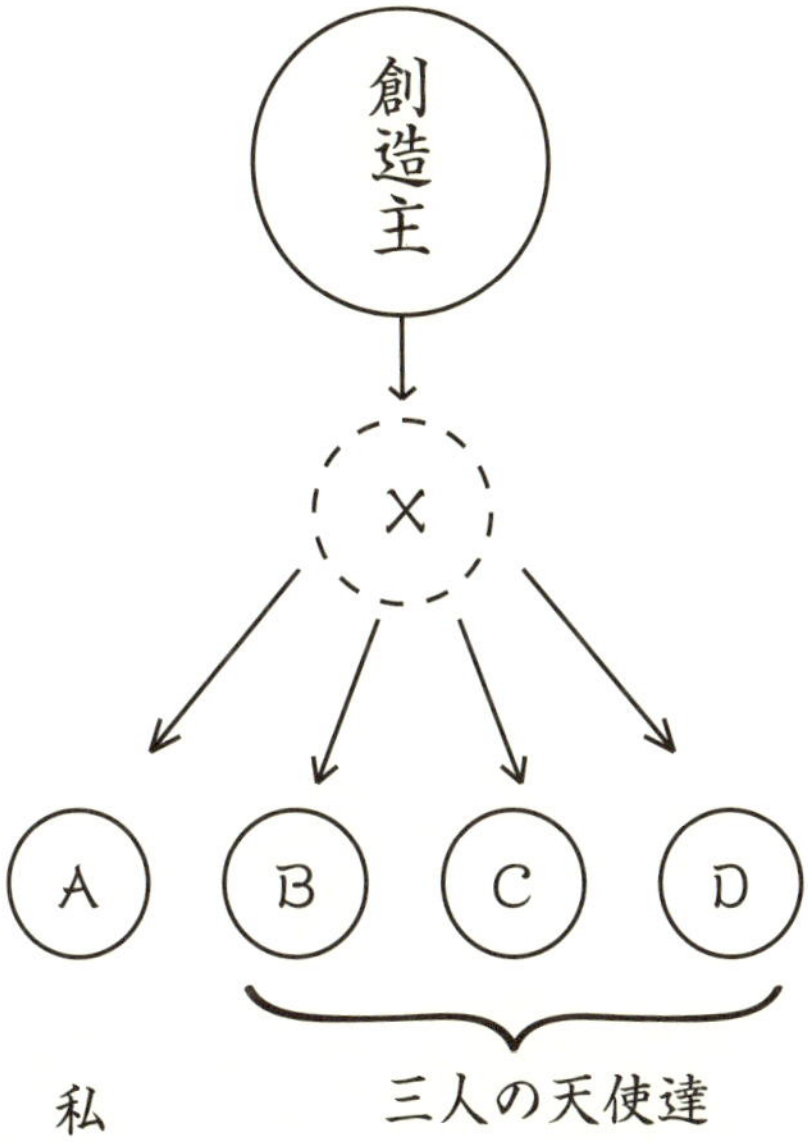

その三人の天使というのは実は私の分身であった。どういうことかと言うと、私の元の意識体を四分割して生まれてきたのである。

三人の天使たちは私が高校一年生になるころまでに次々と人間に生まれ変わっていた。

一人の天使が居なくなるとそれと交代するように別の神様が守護に入っていたと、最近、創造主から話を聞いた。「厖大な数の天使諸君がおまえを守護していたんだぞ」と創造主は言った。その事を教えられた時、大変はずかしい思いになったことを今でも覚えている。知らなかったことが余りにも多かったからだ。

三ノ二　大国主命《おおくにぬしのみこと》

小、中学時代を通じて私の家庭教師を勤めてくれた神様がいる。他ならぬ出雲の大国主命様である。

「親神から頼まれていたのでな」と大国主命様が言う。頭がやわらかい内に以下のことを教えておいてほしいと大国主命の親神が頼んできたと言う。

①神が存在していること
②神と私とをつなぐ天使という存在が居ること
③人間は輪廻転生すること
④私の過去生と履歴
⑤宇宙船が存在していること
⑥宇宙には地球文明よりもっと勝れた文明を持つ人達がいるということ
⑦国語、算数、植物学、動物学、地球の歴史、天文学、地球の地理、日本の地理、等々

神様っていうのは何でも知っている方なんだな~というのがその当時の感想だった。理性的で、ものすごく学者、それが大国主命様に感じていた雰囲気である。お陰様で成績表はいつもオール5で、学校の勉強は大好きだった。実在の家庭教師は一人もいない。神様が家庭教師だったのである。

先日、この項を書く前に大国主命様に尋ねた。

「人間をこんな風に教育していくことについて、他にも誰か居ましたか」と。

「おまえが初めてだった。自分の御魂の人間達にこんな教育はしたことがない。親神に頼まれたんでやったことだ」と神。

小学6年生になる頃、隣近所のおじさんたちが来て、自分の娘や息子たちの家庭教師をしてくれと頼まれた。教師料は直接手にした事がなかったので、おそらく親同士で何か取り決めをしていたのだろう。

「高校時代から親神が直接指導を始めたんで、ワシは一歩退いた所から見守ることにした」と大国主命様。

大学で建築学科に入ったのは親神様の指導だった事、木構造住宅の耐震化の仕事に向かわせたのも親神様のしたことであったと大国主命様が証言した。

自分の意志で自分の人生を決めていたのではなかったことが最近分かり始めた。

前節で、亡き母が神様にお伺いを立てて子達の守護を許可されたことを書いたが、その神様というのは大国主命様のことである。大国主命は別名「幽界《かくりょ》の大君」と呼ばれる。魂が人と化す時、その魂がどのような人生を経験するのかについて、神様に人生の計画書を提出しなくてはならない。その計画書を審査し、人間になることを許可するのが大国主命である。あらゆる魂は自分自身で勝手に人間になることは許されていない。許可が必要なのである。

大国主命はあらゆる魂の管理者なのである。それで幽界の大君と呼ばれているわけだ。

ヒーリングを始めて10年ほどたったある日のこと、患者の中にET（地球外生命体）の魂を持っている人達が多数いることが分かった。彼らには守護神が居ないことがある。そのためヒーリングの許可がおりないのである。しかたがないので私の意志でヒーリングすることを決めざるを得なかった。

「日本人の中にETの魂がいっぱいいるのはどうしてですか」と私は大国主命に尋ねたことがあった。その時、いつもは冷静な大国主命様が少々イライラした感じで、

「あのなー、くによし。進んだ文明を持っている星々の優秀な魂に来てもらって日本人に科学技術を教えなかったら、日本はとっくの昔にヨーロッパ各国の植民地になってしまっていたんだよ」と答えた。

ＥＴの魂は、シリウス系、プレアデス系、オリオン系、クラリオン星人、ティアウーバ星人、それにセントラルサン等々である。この内、セントラルサンとティアウーバ星は天の川系銀河内にある星で、ティアウーバ星は我らが地球の指導星である。

毎年十月末に神々は出雲大社に集まる。神々が居なくなったように思えるので、十月は神無月と呼ばれる。ところが、この月に出雲に行くとその地では神有月と呼ぶ。神々が集うその時、ティアウーバ星のタオさんが毎年来てその会議に出席する。タオさんは観音様と言われて、日本人から非常に慕われている神様ではある。

ある日、ここの町内会にティアウーバ星の魂の人がいて、ヒーリングしようとした。その時タオさんが来て「ちょっと待って」と言う。自分が先に行ってその患者を見てくると言うのである。その後、二、三日我が家で遊んでいかれ、そのあと出雲の会議に出席した。ちょうど出雲の会議の直前だったのである。タオさんを出雲から迎えに来たのは大国主命であった。「くによし、タオ様に何か失礼なことをしなかったか」と念を押していた。

三ノ三　神倭姫命《かんやまとひめのみこと》

倭姫は第十一代垂仁《すいにん》天皇の皇女として生まれた。垂仁天皇はＢＣ69年からＡＤ70年頃の人で天皇在位期間はＢＣ29年からＡＤ70年頃までであった。非常に長寿で１３９才まで生きていた天皇である。現在の人々の平均寿命からすると有り得ないと考える人も多いと思えるが、魂が持つ生命力の強い人はそのくらい生きられるものなのである。

ちなみに神武天皇は１６０才以上生きている。垂仁天皇は長息《ながいき》した分、后《きさき》も多く二十八人いたと文献にある。なので子供も多かった。倭姫に言わせると「覚えきれなかった」ほどなのである。その倭姫は紀元前の生まれである。垂仁天皇が長寿だったように倭姫も大変長寿であったが「何才まで生きたか」という私の問いに「そんなことどうでもいいじゃない」と言ってまともには答えてくれない。

倭姫のすぐ上に兄上がいて、その方は第十二代景行天皇となった。

さて、倭姫は伊勢神宮の創建者である。伊勢に倭姫神社があるのはその理由によってである。この神社は大正時代に作られたので非常に新しい神社ではある。

その倭姫が書き残した文献が存在している。『倭姫世記』と言う。そんな古代に日本で文字が存在しているなんて「うそ～！」と言われかねない。しかし、日本には古代から文字があって、神武の時代、今から3千3百年以上前からその文字は存在していた。後に中国から漢字が入ってきて、ひらがなやカタカナが生まれていったが。

仏教の経典が日本に入ってきた時（AD538年）僧たちはその経典を日本の文字に書きなおすことをしなかった。おそらく漢字を日本文字に訳せる人が居なかったからであろう。仏教の経典はそのまま漢字の音読で発音する習いとなって今日まで続いている。

『倭姫世記』を研究している方がおられて、その研究家の本によると内容は田原澄の「洗心の教え」と大変よく似ている。そこで私の守護神、大国主命様に倭姫の御魂について尋ねると、

「多紀理姫神」と教えてくれる。ついで、

「田原澄の御魂は」と尋ねると、又もや、

「多紀理姫神」と答えが返ってくる。二人共、大元の神は多紀理姫神(宗像大社の祭神)なのである。

宗像市の宗像大社本殿の裏に二の宮と三の宮がある。多紀理姫神とたぎつ姫神がそれぞれ祀られている神社である。その二の宮と三の宮の中央に黒御影石の大きな石が置いてあって、そこに「洗心」の二文字が彫られている。天之岩戸神社には手水鉢の横腹に「洗心」の二文字が彫られていた。「洗心」の教えは田原澄が創ったザ・コスモロジーの専売特許ではない証明である。

ところで倭姫は2千数10年前の多紀理姫の御魂分けで、ずっと後になって田原澄の魂が多紀理姫から生まれている。神は時代ごとに又、場所ごとに人の魂を作り続けているから、同一の魂の

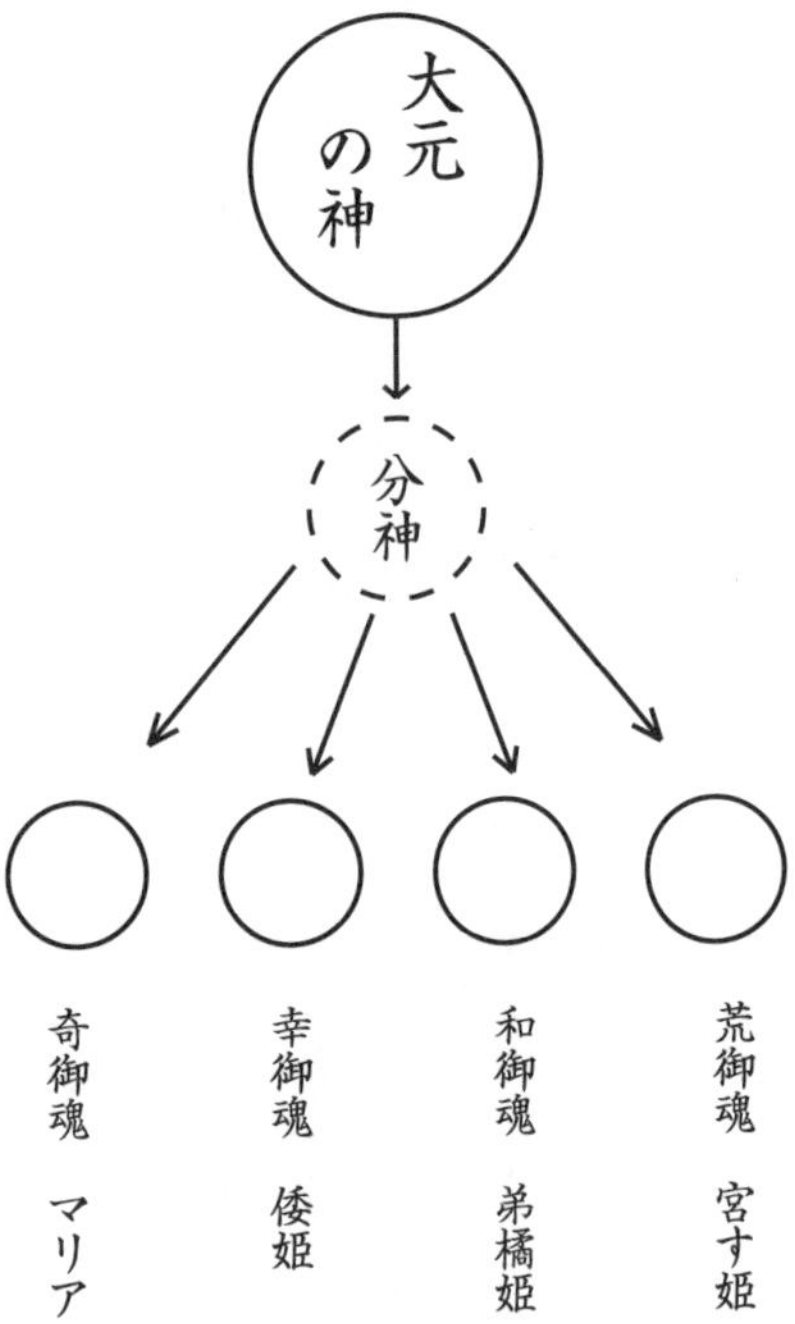

3-3図

人が世の中にたくさん居るということなのである。

倭姫がこの世に誕生した時、同魂の人が三人いた。つまり四分割の一人が倭姫である。第3―3図を見てほしい。この図で大元の神が多紀理姫でその分神がいる。それが四分して人と化した。本図で幸御魂《さちみたま》が倭姫である。和御魂《にぎみたま》は弟橘姫《おとたちばなのひめ》であり、荒御魂《あらみたま》が宮す姫、奇御魂《くしみたま》がイエスを生んだマリアである。処女なのに身ごもった。

弟橘姫は倭建《やまとたける》の妃《きさき》で相模湾に身を投じた女性である。宮す姫は熱田神宮（愛知県）の創建者で倭建の妃である。その倭建は第十二代景行天皇の皇子であったから、倭姫の甥に当たる。

奇御魂たるマリアが、池田邦吉（私）の生母、五才にして死に別れた母、池田安枝《やすえ》である。又、ノストラダムスの母、レーニエル・ド・サンレミもマリアの御魂である。つまり、イエスとノストラダムスと私、三名は同じ神、多紀理姫の奇御魂の母から生まれているのである。安枝母が亡くなった後、私の守護に地上に戻ってきた時、「驚いた話」とは私が倭建だったことを神様から教えられた件だったと母は言う。「どうしてまだ人として転生しているのか」とびっくりしたらしい。

私が小学2年生の時、まま母さんが長野県の松本市から来てくれた。すい子母という。そのまま母さんは第3―3図の荒御魂である。すい子母は生前、私によく言っていた。「あなたのお母さんから頼まれて、あなたの母になるため、ここへ嫁いできました。もしあなたがここにいなかったら、私は東京に来ませんでした」と。安枝母とすい子母とは生きている間は接点が何も無い。安枝母は長野県木曽谷の佐々木家に生まれ、すい子母は同じ県の松本市の宮下家に生まれていて、互いにその存在すら知らなかったのである。従って安枝母が亡くなった後、すい子母を探し出し、邦吉の母になってくれるよう依頼したということになる。第3―3図で言うと、奇御魂の生母が荒御魂に頼みこんだという話になる。

由美の亡くなった母親は第3―3図の幸御魂、つまり倭姫の御魂分けである。そして由美も同魂である。従って今、私は倭姫と結婚しているのと同様の事態になっている。

同じ魂が親子の関係になっていることについて「そんなばかな」と思われるかもしれない。第3―1図を見て下さい。その図で「大国魂神」と書いてあるところに「多紀理姫」とし「セス」とあるところには「倭姫」とし「A」を由美の母、「A」を由美とすれば分かると思う。第3―

1図でジェーン・ロバーツとその夫とは別々の場所で生まれ、年齢も異なるということに着目してもらいたい。

つまり、同魂をいくつかに分け、時間差を利用すると、同じ魂で親子関係がなり立つのである。3―2図では同魂から生まれた四人がそれぞれ別の時代に別の場所で生まれていることを証明している。

ここで神道・古神道の用語について書いておく。四魂について。

幸御魂……向上心の強い精神力。
和御魂……愛着心の強い精神力。
奇御魂……最も進化した魂。
荒御魂……統一の精神。

三ノ四　数音彦命《かずおとひこのみこと》

数音彦命とはノストラダムスの神命である。数字とフランス語やラテン語の音を駆使して預言書を書いた。彼が書き残した預言の文中にある数字は数字そのものを表してはおらず、別の意味がこめられている。文字もそうである。全ては暗号だった。数魂《かずたま》、音魂《ことたま》を駆使する男なので、そのためこの神命となった。彼は私が預言書の解読を完了したのを見て「もはや地上に残る必要はなし、今後人と化すつもりもない」との意志を示し、神界に戻った。一旦は神界に入ったものの、その世界は「何もすることが無くてつまらんとこだ」と言ってまた私のところに戻ってきた。こんどは「神」なのであるが祀られる神社があるでなし、また元の私の家に来た。

「今度は神として何をするのか」と私は彼に聞いてみた。

「もともと、生きていた時は医者だったので、これから現代医学を学んで由美の体を治してあげたい」と言う。

「なるほど！」と私。「それはありがたい、私のヒーリング・パワーでは由美の交通事故による後遺症を完治させることはできないからすごく嬉しいよ」ともつけ加えた。

その日から数ヶ月、彼は図書館に行って、片っぱしから医学書に取りくみ、大病院の医療の現場も多く見学してきた。そして、なんと！　ヒーリングの神様になって戻ってきたのである。それ以後は私にヒーリングの依頼をしてくる患者さんたちは、一、二の例外を除いて、ほとんど完治させることができるようになった。ヒーリングの依頼が多くなってきたある日、数音彦命が私に、

「ちょっと気分転換にプロヴァンスの私の家にいって来たい」と申し出があった。

「いいよ」と私。

「え、ノストラダムスはフランスに家があるの」と由美が私に言う。

「あるよ」と言って私は本を取り出してその家の写真を由美に見せた。

「そうだったんだ〜」と由美。

数日後、部屋に誰か入ってきた気配を感じて、

「誰かな、ノストラダムスが帰ってきたのかな」とつぶやいた。すると、

「うん、友達をつれてきたんだ」と数音彦命が言う。

「友達って誰」と私。

「イエスとドクター」と数音彦命。

「え〜、イエスは数音彦命の友達なのか」と私。まさにびっくり仰天である。

「母が同じだからな、昔から仲がよくて、自分がフランスで人生やってる時からずっと友達だったんだよ」と言う。

「ああ、そういうことだったんだー」と私。

「イエスのことは分かったんだけど、ドクターって誰のこと」と私。

「ドクター・アンブロワーズ・パレ」と数音彦の命。何と、アンリ二世の目を手術した名医のこ

とであった。

「ドクターと呼んでくれ、神名で呼ばれるより、その方が私は好きなんだ」とパレは言う。

「ヒーリングが忙しくなりそうな気配なので二人呼んできたんだけど、二人とも似たような仕事をしてて、ヒーリングがうまいんだよ」と数音彦命が言う。

「ドクターはアンリ二世の時代以降、人になってないんですか」と私。

「うん、転生は終っていて、すでに神界入りしてた。今は神霊手術で人の病気などを治している。昔から手術道具使うのに慣れていたんで、今もその手法を使っている」とドクターが言った。続けて、

「由美のことをノスに聞いてきたんで、由美の頭部を見せてくれるか」とドクター。

「どうぞ」と私。しばらくして、

「こりゃーひどいや、由美はよく生きていられるなー」と不思議がっている。

「どうやって治していいか分からんなー」とドクター。

「いつ死んでもおかしくないような状態なんでしょ」と私。

「その通りだなー」とドクター。この日以来、ずっと日本でヒーリング活動をしている。

さて、私と数音彦命との魂の関係は第3―4図のようである。第3―1図と似てはいるが、違うところもある。XとX′との関係である。X′をノストラダムスとするとXが私。ノストラダム

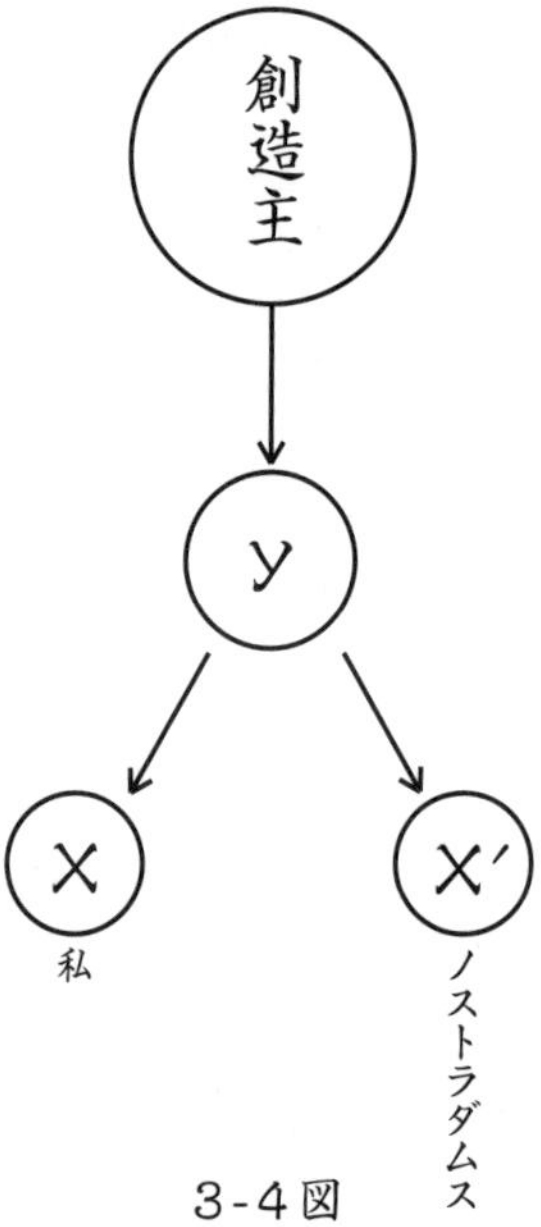

3-4図

スが生きていた時代、私は神界にあった。今、私は人間となっているがノストラダムスは神界にある。つまり、Xと′Xとは Y体を二分割した魂なのであるが、どちらか一方が人間界に戻るとき、その一方は神界にあるように計画されている。第3―2図でXとしてある魂はこの第3―4図のXのことである。

従って第3―2図と第3―4図を合成すると私のいる立場が分かるであろう。

第3―4図で「創造主」と書いてある。その下のY体というのは数音彦命と私とに分かれる前の魂である。つまり、ノストラダムスはフランスで生まれる前は日本人として生きていたのである。倭建命！

「ずっと、フランス人だと思っていたのだが、自分は日本人の魂だったんだなー」とびっくり仰天したのはノストラダムス本人の方だった。倭建命の魂が、創造主の御魂分け、その創造主とは、預言の神であった。日本での神名は次世見《つぎよみ》神の分神。月読神と書くのは間違いである。

　では月の神はいるのだろうか。

「アフロデーテ」、月の女神と大国主命が言う。

「くによし、月の女神はヨーロッパの守護神、日本に太陽が出ている時、ヨーロッパは夜で月が出ているからだ」と続ける。

「ディアーヌ・ド・ボワチエは月の女神ですか」と私の質問。

「違う、倭姫だ」と神。何と由美の過去生の一つ、それがディアーヌ・ド・ポワチエであった。彼女はアンリ2世の家庭教師その前は乳母だった。その後は大奥の大ボスで、ノストラダムスが尊敬していた人物である。

　ディアーヌとはフランス語で月の意味、英語ではダイアナとなる。

　大国主命によると「月の女神」は日本の神社には祀られていないという。月読宮をあずかっているのは次世見神である。

三ノ五　倭姫の息子たち

　倭姫は全生涯を通じて、神々に仕えた。結婚はしなかったので子は居ない。ただし、倭姫の同魂たるマリアはたくさんの子を産んだ。

数音彦命がイエスを連れてきたので、イエスと話をすることにした。

「イエスはヨーロッパに生まれてきたことがありますか」と私。

「ぼくはずっと日本で輪廻転生していて、その他の国に生まれたことはない。前の人生は秋田県の大きな神社で宮司をしていた」とイエスが言う。続けて、

「ヨーロッパは嫌いだ、例の十字架があるんで、あれが嫌いなんだ。ぼくは磔《はりつけ》になってない。あの話はでっち上げだ。嘘だぞ！」と言う。イエスは青森のヘライ村で160才で死んだ後、ずっと東北地方で輪廻転生していると私に語った。青森や秋田の山々の姿が大好きなんだそうだ。コップ一杯の水を神棚に置いた。

「日本酒が好きなんで、それを」と言う。これまでの輪廻転生もキリスト教徒になったことは一度もなく、どちらかと言えば神道をずっと勉強してきたのだと言う。

「イエスを生んだ聖母マリアは倭姫の同魂なんだけど」と私、

「そのことは数百年前に知らされた。倭姫とはその後何度かお会いした」とイエス。

「どこで会った」と聞く私に、

「出雲の神々の会議で」とイエス。その時、誰かが部屋に入ってきた気配を感じた。倭姫だった。

午前中の伊勢でおつとめを終えて、私のところへ来たようである。イエスを見て、

「アラ、来てたの」と素っ気ない倭姫である。

「むさくるしいー」と言う。倭姫によるとノストラダムスとイエスは2メートルを超える大男なんだそうだ。私はイエスともう少し話をしてみたいと思った。イエスはすっかり日本人になっていた。

「イエスは御自分の魂がどの神様の御魂か知っていますか」と聞く。

「知らない」とイエス。では大国主命におうかがいを立ててみましょうと私は言った。

「大綿津見神」とすぐ返事がきた。びっくり仰天して、しばらく声がでない。

「倭姫様は知ってましたか」と私。

「知らなかったわー、びっくりしてるわ」と倭姫。私はもう一度イエスに話しかけた。

「大綿津見神のこと、知ってますか」と私。

「うん、出雲の会議で会っている」とイエス。

「その時、このことは教えてもらえなかったんですか」と私。

「うん、何も言ってなかった」とイエス。

「福岡市の博多湾北にある志賀海神社に大綿津見神がいるんで、そこへ案内しようか」と私。

「ちょっと待って」と倭姫が言う。しばらくして、

「向こうから来るって言ってるわよ」と倭姫が言う。神棚のイエス用コップの横にもう一つコッ

プを置き、おみきをお供えして待っていると、部屋に誰か入ってきた。潮の香りが部屋いっぱいに広がる。日本海の潮の香りだった。

「大綿津見神様でしょうか」と私。

「そうじゃ」と神。イエスと大綿津見神の対談が始まったようなので、お二人に声をかけるのをやめた。話が長くなっているようだが、私は夕食の準備にかからなくてはならなかった。

夜にイエスが私に話しかけてきた。

「今日はここに泊まっていきたいんだけど」と言う。

「どうぞ」と私。

「大綿津見神様は」と尋ねると、

「ワシャー、朝の5時まで神社に戻ればいいのでなー」と言う。続けて、

「2千年前のいきさつからこの方、つもる話があるでよ～」と言う。二人の会話はブラインドされていて、私や由美には聞こえてこないようにされていた。

翌日、朝食の用意をしていた。イエスが話したがっている様子である。

「しばらく、くによしの家においてもらいたいんだが」とイエス。

「どうぞ、どうぞ」と私。

「伊勢の倭姫神社には行ったことがありますか」と私。

「それが一度も行ったことがないんだ」とイエス。続けて、「春に桜が咲いた頃、来るようにと倭姫がきのう言ってた」と言う。イエスは我が家を拠点にして、私がどのように患者のヒーリングをしているか実際のところを見たいんだと言った。

三ノ六　魂の合一

2009年6月、由美の容体が悪化していた。前年に神霊手術により、頭蓋骨のひび割れを縫ってもらったが、長い年月、脳脊髄液減少症によって脳の本体が正常な位置から下がっていて脳の最下部が傷ついていた。死が目の前にあった。由美の母、洋子さんが呼ばれた。神業に入っていたのを一時中断して我が家に来た。呼んだのは倭姫だった。

由美の一族の関係者（亡くなっている方々）が次々に呼ばれた。どの神様が、由美の親族なのか私は何も知らなかった。私のヒーリングパワーは何の役にも立たなかった。

「寝室から出るように」と倭姫が私に言った。どんな神様だか分からないのだが、誰かが神霊手術をするらしいことだけは分かった。私が由美のそばにいるとその方々の邪魔になるのだと悟った。ノストラダムスも立ち合うという。私が寝室を出ると、神々がそこに入って、由美の周囲を取り囲んでいるように感じた。電話のコンセントを抜いた。呼び出し音が出ないようにしたのである。

手術道具が運び込まれていると感じた。世界中の名医が集まっているらしい。名前は聞かないようにした。

手術は3時間に及んだ。もちろん神霊手術なので血は一滴も出ない。部屋は神々の熱で猛烈に暑くなっていった。

クーラーの冷気が寝室、今は手術室と化しているその部屋に自然に行きわたるように工夫した。私に出来ることはそのくらいしかなかった。

「水、ください」という由美の声が聞こえたので、冷蔵庫の中からペットボトルを出しコップに水を注いだ。枕元へ運ぼうとして、由美に近づいた時、顔が真っ赤になっている由美が見えた。

「手術が中断したの、医師たちが少し休憩したいみたい」と言う。コップの水をゆっくり飲みほした由美がゆっくりと立ち上がった。「トイレ」と言う。手を借そうとした。

「歩けるわ」と言う。トイレから戻ってくると、そのままダイニングチェアに座った。

「まだ手術は続くんだろ」と私は言った。脳の悪化した部分を切り取ったのはいいとして、脳が下がるのをどのように食いとめるのだろうかと私は考えていた。

「今日はこれまでにするみたい。様子を見てまた明日、手術をするらしいの」と由美が言う。死を覚悟しているのか、いつもより数段しっかりしている。そんな由美を私は初めてみた。

洋子さんが何か私に話があるらしいと察した。冷静に私は言った。

「何でしょうか」と。

「私のガイドがいっしょに来てるんですけど」と言う。

「倭姫でしょ」と私。

「違うんです」と洋子さん。続けて、

「あなたのお母さん」と言う。

「ええ～、洋子さんの神業は安枝母が教えてるんですか～」とびっくり仰天の私。

「マリアさんが来てるってこと?」と私は聞き返した。

「そうです。くによし」母の声だった。

「フランスのモンペリエ大学、モスクワの医学会、その他の権威を集めてきたわ」と母が言う。

母がというより聖母マリアさんがと言った方が適切かもしれない。

「すごい」と一言私は言ったきり声が出なくなった。しばらくたって、

「ノスは?」と聞いた。

「手伝ってるワ」とマリアさんが言う。

「安枝母が洋子さんの導師をしているなんて初めて知ってびっくりしてます。ところですい子母

は今、どうしてるんですか」と私は聞いた。

「すい子さんはまだ自分の息子の家に居て守護霊のままだわ」と言う。

「ちょっと待っててネ」と言って安枝母が部屋から消えた。しばらくて、

「またバアさんが一人増えたな」と私の指導神（創造主）が言った。

「バアさん？」と私はつぶやいた。

「あなたはまた一人女の子を作ったの？」とバアさんが言う。すい子母だった。まま母さんは何も知らないようだった。そこでここへ来た理由を長々と話した。

「そうだったんだ〜、あなたも苦労が多かったのネ、それとここは九州なのネ」と言う。

「九州は初めてでしょ。洋子さんにアチコチ案内してもらったらいいよ」と私。

由美の手術は三日間かかってようやく一段落し、医師団はいったん解散し、フォローはノストラダムスがすることに決まった。何か緊急事態が発生した場合はマリアさんが伝達役になることも決まった。とりあえず葬式の準備をしなくてもよくなって、私はほっとした。

母親三人が同居している。

「由美はとりあえず命拾いしたし、ノストラダムスもここに居てくれることだし、母たちはどっか旅行にでも行ってくれれば」と私は提案してみた。すると、

「世界旅行へ」と三人の母が意見一致した。三人共、世界旅行をしたことがないのだと言う。倭

姫も同行したいと言う。

「マリアさんはヨーロッパに何度も行ってるんでしょ」と私。

「それが、教会ばっかりで、それも点々と行っただけなんで、観光はしたことがないの」と言う。

その日24時間かけて、世界一周の観光旅行へと飛び出した。

翌日、戻ってきたのでどことどこへ行ったか聞いてみた。

「ハワイでしょ。ナポリでしょ。それからスイス。最後はパリー、最高級ホテルで休んできたわ」

と言う。

「遊んでばかりではいけないワネ。神様のことも勉強しなきゃネ」と言う。

それから1週間ほどたって、伊勢神宮からしなつひこの神が我が家に来た。

「くによしー、あのなー、お前の三人の母がな、ワシの目の前で、倭姫に合流したよ。話には聞いとったけど、初めて見たよ。40億年地球にいるんだけど初めて見た。びっくりしたよー」と言う。第3―3図で矢印を逆にして見て下さい。魂が合流するというのはそういうことなのである。

「と言うことは、倭姫は私たちの母親になったということですか」と私。

「う～ん、そういうことになっちゃったな～」としなつひこの神が言った。そう言ったきり、しなつひこの神は黙りこくってしまった。何かしきりに考えを巡らせているようだ。

三ノ七　しなつひこの神

夏なので、由美のためにゴーヤの料理を作っていた。ゴーヤはビタミンB群が多く、神経を痛めている由美にとっては重要な素材なのである。

出来上って器に盛りつけようとした時、

「くによしー、供えよー」としなつひこの神が言う。

「え～、こんなモン、神様が召し上がるんですかー」と私。

「かまわん」と神。そこでお供えすることにした。

「うまいぞ～。おまえ、ほんとに料理うまいなー」と言う。

今は強大となった倭姫が慌てて言った。

「神宮に神饌《しんせん》が用意してありますのに～」と言う。

「あのな～、あんなものどうやって食えというんだよ。生のダイコン一本丸ごと置かれたって困るよ。ダイコンおろしにするとか、おでんにするとか、何とかしろよ～。タイ一匹丸ごと置いて、どうしろっていうんだ。刺身にするとか、塩焼にするとか、何とかしろよ。刺身だったら、しょう油とワサビを添えてくれよ」とブツクサブツクサ言い始めた。

元々、神棚を作れ、水を置け、お供えをしろと言ったのは倭姫であった。

「くによしの料理はいつもうまいな」としなつひこの神。

「くによし〜、ワシャーこれ食えネーよ」と私の創造主が言う。

「ゴーヤはな、しなつひこの好物なんで、ワシのは別の物にしてくれよ」と言う。神々は好物がみんな違うんだとこの時、知った。

　ある日の夕食どき、

「くによし、タコだ」としなつひこの神が言う。私はいつからタコになったんだろうかと真剣に考えこんでしまった。夕食の仕度をしなくてはならない。冷蔵庫の扉を開けた。その時、ハッと思い出した。昨日のうちに酢だこを準備していたことだ。早速、食べやすいように庖丁を入れる。お供えすると、

「うまいなー、酢がよー効いとるぞ〜」と言う。しなつひこの神はタコが好きなんだとこの時に知った。連想的に、貝やイカも好きなはずと思った。後日、イカの刺身をお供えしたら、とっても喜んでおられた。

　ある日、しなつひこの神が、

「くによし、カメだ！」と言う。又、何の話か分からなくなった。その後、ヒーリングをした御婦人からお礼の品が届いた。大きな荷物だった。開けると甕に入った焼酎だった。「これですか」としなつひこの神に尋ねると「それそれ、それだ、カメだ」と言う。

しなつひこの神はその焼酎が大好物なんだそうでびっくり仰天。値段を調べたら、高いのなんの。私の指導神（創造主）にお供えしてみたら、

「うん、これならいける」と。

第四章　創造主

四ノ一　預言の創造主

ノストラダムスの預言書を研究していた頃、1990年代、私を悩ませていたある重要な事が一つあった。ノストラダムスに未来の出来事を教えた創造主のことである。創造主も大勢いる。どの系統の神か特定できずにいた。

その神はノストラダムスに姿を見せたという。ライトボディの人型であったと預言詩の冒頭に書かれている。

その頃の私は、物事に行き詰まるといつも海や山へとドライブに行って一日を過ごすことにしていた。大自然の中に身を置いて想念の浄化をするのである。大自然は私にとって偉大なるヒーラーであった。海は大平洋を見るのが好きだったし、山は埼玉県西部や長野県が好きだった。

ある日、ふと長野県の御岳山《おんたけさん》に行きたくなった。当時、埼玉県の狭山市に住んでいて、そこから木曽へ行くのはそれほどむずかしいことではなかった。中央自動車道と長野自動車道が完成していたからである。朝早くに自宅を出ると昼前には御岳山の5合目まで行けた。御岳山に登ったのはその日が生まれて初めてだった。いつもは遠くから眺めていただけであった。御岳ロープウェーの発着場建物内で一休みして、さらに上を目指した。すると石の大きな鳥居が見えた。山中にしては余りにもふさわしくない大きさだ。そんな所に神社があるとは思いもよらない事であった。

鳥居の前の駐車場で車からおりた。そこから先は歩くことにした。どういう神社か知らないが、境内に車を乗り入れるのはどうかと思った。大きな旗がびっしり並んでいて、その旗には白地に黒々と「八大龍王」と書かれている。どんな神様だか知らなかった。古事記や日本書紀に書かれていない神様である。林立する旗の山道を抜けると、石の小さな祠《ほこら》があってそこが終点だった。

「よう来た、よう来た」とバリトンの太い声が私を迎えた。あたりには人っこ一人居なかった。その声の主は私を導いていた神の声だった。大国主命様ではない。「はっ」と気がついた。私の指導神は八大龍王だったんだと。

「やっと分かったか」と神が言う。足がすくみ、歩けなくなった。

私とこの神の関係について、天使たちの存在について、これまでの様々ないきさつについて話をした。涙が止めどなく溢れ出ていた。

下山しなければならない時刻がきた。車を発車させ元来た道を辿った。後部座席に誰か居る気配を感じた。

「帰りの道中、護衛する」と言う。八大龍王だった。中央アルプスの峰々が白い雪をかぶってその全貌を見せてくれていた。まだ夏なのに雪が消えずに残っている。リスが行く手を横切った。麓に着くと安心したせいか腹が減っていることに気づいた。

「この先においしいソバ屋があるぞ」と神が言う。しばらくして右手にソバ屋があった。入ると手打ちソバだった。

「どうだ、うまいだろー」と神が言う。帰路はスムーズに走れて暗くなる直前に家に戻ることができた。

家に戻ってすぐ文献をあさったが、「八大龍王」に関する資料は無かった。どういう系統の神なんだろうかと思いつつ、その日は疲れて眠ってしまった。八大龍王の件が分からないまま数日が過ぎ去った。

「ふと」秩父神社へ行こうと思い立った。その理由は分からなかった。普段だと荒川の源流部へ行くのだが、その日は川に下りる気になれなかった。まっすぐ秩父神社へ向かった。参拝を終って、秩父神社に祭られている神々がどんな神かとその場で勉強した。「創造主」が祀られていて、「常世思兼神《とこよおもいかねのかみ》」も祀られている。常世思兼神は高皇産霊神《たかみむすひのかみ》（創造主）の分神で天照皇大御神の相談役である。そこまでは分かったが依然として八大龍王は謎のままだ。そのまま帰ろうとして境内全体の案内看板に目がいった。巨大な看板なのになかなか気がつかなかった。その下に車を止めたからである。看板を見ると境内は非常に広くて道路の外にも広がっているのが分かった。民家が境内を埋めているようなモンだ。一角に「今宮坊」なる神社があって、お水取りの祭の時にはそこの池から水を汲んでくると説明書（パンフレット）にあった。そこで今宮坊に行ってみることにした。

住宅街、商店街の小さな路地を抜けると、今宮坊はすぐ見つかった。白地に「八大龍王」と墨書された旗が林立していた。そこが八大龍王の神社だった。ちょうど昼に差し掛かっていて社務所には誰も居なかった。受付の窓が開いていたので、宮司さんがすぐ戻ってくるはずと思ってしばらく境内をうろつくことにした。境内中央に胴廻7〜8メートルはあろうかと思われるケヤキの大木がある。鳥居のすぐそばに大きな池があって水がこんこんと湧き出ている。

和服を着た女性が境内に現われ、受付に入った。どこにでも居そうな主婦に思われた。受付に行って私の名前を言った。

「今日は参拝でしょうか」と私に聞く。

「八大龍王というのはどういう神様でしょうか」と私は話を切り出した。

「私、長いことこの神社の宮司をしているのですが、八大龍王のこととなると何も知らないんです」と言う。何と、宮司さんだった。

「何しろ資料らしき物が何も残ってないんですよ」と言う。

「まあまあ、ここで立話というのもなんなので、奥へどうぞ」と言う。自宅だったのである。長々と話をしている内に夕方が近づいてきた。みやげにと言って私の本『ノストラダムス解読No７』(成星出版）を置いてきた。

結局、八大龍王の祀られている神社は見つかったがその神様のことは何一つ分からないままに帰宅した。

四ノ二　八大龍王

秩父から戻ると電話に留守録が入っていた。和歌山の酒井正子さんからだった。和歌山の講演会の日が目前に迫っていた。

電話をすると、スケジュールの打ち合わせであった。一通りの要件を終って、今しがた行ってきた秩父のことを話して、

「酒井さん、八大龍王っていう神のこと知ってる?」と聞いた。すると、

「知ってますよ、ここらには八大龍王の祠がアチコチにあって、見て廻るだけで丸一日かかってしまうわ」と言う。続けて、

「何でまた八大龍王のことを知りたいんですか」と聞いてきた。

「私の指導神なんだってヨー」と私。

「へェーそうなんだ」と酒井さん。

講演会を終って、その翌日八大龍王の祠を見て廻る一日を加えた。

その日、前日の講演会参加者がみんなついてきた。まるで大名行列のようで車が10台ほど後についてくる。石の祠をいっぱい見て廻ったが、結局のところ何も分からないまま帰京した。調べると全国津々浦々に八大龍王が祀られていることが分かってきた。八大龍王の会という宗教団体まで存在していることが分かってきた。私は宗教が嫌いなのでそういう団体には近づかないようにした。

２００１年の12月に関英男博士が亡くなり、加速学園も解散することになった。その翌年のことである。ようやく八大龍王が重い口を開いた。

「くによし～、ワシらはな～、創造主なんだよー」と言う。「ら」が付いているのでそこのところは気になるが、

「そうですか」と私。八大龍王は創造主なのだということは前から勘づいてはいた。

「ワシは八嶋地生神《やしまぢぬみのかみ》と言っていた時代があった。自分の仕事を終えて大国主命にバトンタッチした後、宇宙の中心に戻っていた。今から一万と数千年前に地球の姿が大いに変わったという話を聞いた。そこでワシは地球を見に来た」と八大龍王は話し始めた。今からおおよそ一万四千五百年前、ムー大陸が海底に没し、その反動で南北アメリカ大陸や日本のアルプス山脈が出来た。その話である。

「ワシは、そのまま地球に残ることにした。しかし、大国主命がまだ現役で仕事をしているし、大国主命の親神として前の名を使うのはどうかと思った。そこで八大龍王という分神を考えだしてこれを使うことにした。つまり、以前自分がした仕事とは別の仕事をしようと思ったからだ」と八大龍王は説明してくれた。

記紀に書かれていない神名のことがようやく分かった。これは八嶋地生神と混同されないようにするための分神名だったのである。

大国主命が「親神」に頼まれて私の家庭教師をしてくれたことがこれで分かる。「親神」とは八嶋地生神の分神たる八大龍王のことだったのである。しかし「預言の創造主」が誰なのか分からないままこの年は終った。

以後の話は私が小倉に移り住んだ後の話である。

「ワシはな〜、くによし。創造主でな」と又、同じ枕言葉で話が始まった。

「すさのおの息子ではないんだよ」と言う。

「つまり、八嶋地生神と八大龍王は創造主の一員であって地球で生まれた神ではないということですよネ。神道で言うところの下り魂だと」と私は言った。

「うん、その通りじゃ」と八大龍王。

２００９年春から初夏にかけて私はノストラダムスの預言詩に関して解読を完了した。終りに際して私はノストラダムスに確認のための質問を一つした。

「ベスビオ爆発時に大量の宇宙船が救助に来る話の件だが、これは宇宙連盟の所属艦隊なのか」と。ノストラダムスは、

「知らない」と言った。

「どういうことか」と私。

「そのように書けと創造主が言ったので書いただけのことで詳しいことは知らないんだ」と言う。

「そうすると詳細については預言の創造主に聞かないと、これ以上は書けないな」と私。最後の原稿の部分にさしかかっていた。明日にはこの仕事ともお別れという日だった。

「なんとかして預言の創造主に話を聞かせてもらえないだろうか」と私。その時、

「ワシだ！」と言った。八大龍王である。何とノストラダムスに預言書を書かせた創造主とは八大龍王だったのである。第３―２図で「創造主」とある部分は八大龍王としてみて下さい。

このやりとりをそばで聞いていた倭姫はびっくり仰天して、

「ま〜、何てこと」と言った。続けて、

「倭建は八大龍王様だったんですかー」と。母たちは何も教えられていなかったことが判明した。

四ノ三　次世見神

八大龍王と私の話が続く。母たちがびっくりしながら八大龍王とのやりとりを聞いている。

「預言の神と八大龍王が同一の神ということがようやく分かりましたが、八大龍王はずっと、自分は創造主だと言ってますよネ。八嶋地生神と名乗る前にも地球に来てたのではないですか」と私の質問。

「その通りじゃ、前にも来とった」と神。

「次世見の神？」と私。

「その通りじゃ、バレたか〜」と神。

「そうすると、伊勢の月読宮に祀られている神は八大龍王ということになるネ」と私。

「そこんとこはな、ちょっと違うんだよ」としなつひこの神が口をはさんできた。

「どういうことですか」と私。

「神は時代と共に、場所ごとに、又、仕事と共に名を変える。神名を変える前の状態は保存されるので、次世見の個性はそのままになり、八嶋は八嶋としての個性があるんだよ。八大は今のが個性だよな」と言う。

「神も進化してるってことですネ」と私。

「私の魂は八大龍王のそれであって、次世見の神の御魂分けではないという意味ですネ」と私。

「厳密に言えばそうだけど、まあいいじゃないか、そこんとこは」としなつひこの神は鷹揚に言う。

話題を変えようと思った。

「私は、というより、私の魂はいつ頃、人と化したのですか」と八大龍王に聞いた。

「八千七百年ほど前、で九州で生まれた」

「ずいぶんと長い輪廻転生ですネ」と私。

「まだ若い」と八大龍王。そう言えばセスは20万年輪廻転生したと本に書いてあることを思い出していた。このときの神とのやりとりはこれで終った。ノストラダムスの最終稿は世に出ることなく、私の書斎に眠ったままだ。本を出版する機会が無かったからである。それで、ノストラダムスに預言書を書かせた創造主が八大龍王であることをここで発表することにした。これをもって、ノストラダムスの預言書に関しての話は完了とする。

前章ですでに書いたようにノストラダムスは今、数音彦命としてヒーラーの道を歩んでいる。

その年の秋になった。私はどうも次世見神がどの創造主なのか知りたくなった。八大龍王は何かもう一つ隠しているように感じていたのである。論理的に言えば、創造主十八神の内の誰かになるはずである。そこで、大国主命に尋ねることにした。この方は嘘をつかない。私の家庭教師だからだ。分からなくなるといつもこの神に聞くことにしている。

八大龍王は少々いいかげんな所があって、私の質問をはぐらかすのである。その日、八大龍王は京都の有名な寺に行っていて留守だった。私は大国主命にお伺いを立てた。

「次世見神を名乗る前、この神はどの創造主でありましたか」と。

「天之外世括網縫神《とよくもぬのかみ》」と即答してくれた。何と八番目の創造主だったのである。例のいざな気実神を地球担当神として決めた会議に出席した創造主の一員である。翌日、八大龍王が来て、「とうとうバレたか〜」と言った。

天之外世括網縫神⇓次世見神⇓八嶋地生神⇓八大龍王

ということになるが、八大龍王は他にも神名を持っている。七福神の「布袋様《ほてい》」がそうである。大国主命様が七福神の「大黒様」であることは多くの人々が知っているだろうが、布袋様が八大龍王であることはほとんど知られていない。七福神の内、すでに「えびす様」のことは書いた。ひるこの神である。

毘沙門天《びしゃもんてん》は大山津見神。弁財天は大綿津見神、福禄寿はいざな気神、寿老人は天照皇大御神である。天照皇大御神は男神なのだ。


話は変わる。北九州に来て最初に行ったのが大分県にある宇佐神宮だった。全国いたるところにある八幡社の総本社である。自宅から比較的近い所にある。宇佐市は大分県だとは言え、福岡県と大分県の県境の近くにあるからである。

境内は非常に広くて自然がいっぱい。歩くと気持ちが良くて、好きになった。その後も度々参拝するようになった。

ある日、主祭神のことがすごく気になり出した。主祭神は応神天皇とその母親並びに宗像三姫なのである。八幡大菩薩がここに現われたので八幡社を名乗っている。その八が気になった。

「八幡大菩薩とは八大龍王か」と本殿に問いかけた。すると、

「バレたか～」と八大龍王が出てきて言った。応神天皇は八大龍王の御魂分けだったのである。八大龍王によると、自分の御魂の人間が天皇になったのはこの時が初めてだったと言う。しかも応神天皇（ＡＤ２００年～ＡＤ３１０年）の御魂は人と化したのがこの時が初めてというから、

今日の時点でまだ人間として輪廻転生しているはずである。「そこに私は居ません」

第十五代応神天皇の母は神功皇后で父は仲哀天皇である。仲哀天皇の父は倭建命なので、応神天皇は倭建命の孫にあたる。倭建命と応神天皇の御魂は八大龍王である。一方神功皇后の御魂は多紀理姫神の御魂分けである。

もともと、宇佐神宮は多紀理姫神他二姫神が祀られていた神社だったのである。そこに後世八幡大菩薩なる八大龍王が祀られていたことになる。

四ノ四　仏教と神道とは矛盾せんぞ

「くによしな〜」と八大龍王が話しかけてきた。八幡大菩薩が八大龍王と分かった数日後のことだった。

「おまえは神道ばっかり研究しているが、仏教と神道とは矛盾せんぞ」と言う。

「ヘエ〜、そうなんですか」と私。

「ワシはな、かってチベットで釈迦であった」と神。インドのカシミール地方はその昔チベットの一部だったと言う。

「日本に仏教が入ってきた時、法隆寺の創建に貢献した者がおって、その者、釈迦の魂でな、釈迦が日本で初めて生まれてきた」と神が言う。

「どうりで寺には八角堂があるわけだ」と私。

「その者、その後、日本で輪廻転生を繰り返して親鸞として生まれた。その後も輪廻転生を繰り返しておる」と神。


「空海の御魂はどの神様ですか」と私。

「火明りの命」と神。

「日連は」と私。

「大日如来」と神。ということは、天照皇大御神のことだ。なるほど、仏教と神道とは矛盾しないわけだ。

「分かった」と私。お釈迦さんは私の後輩だと分かったので、

「釈迦はまだ若いな」と私。答えが返ってこない。私は八千七百年前に人と化しているからこういう話になってしまう。しかし仏教をバカにしているわけではない。

八大龍王は仏教の守護神なんだと分かった。全国の四万社にのぼる八幡社を守り、全国の寺々を守護する、ものすごく忙しい神様なんだと思った。そんな中よくもまあ、私の指導をしてくれ

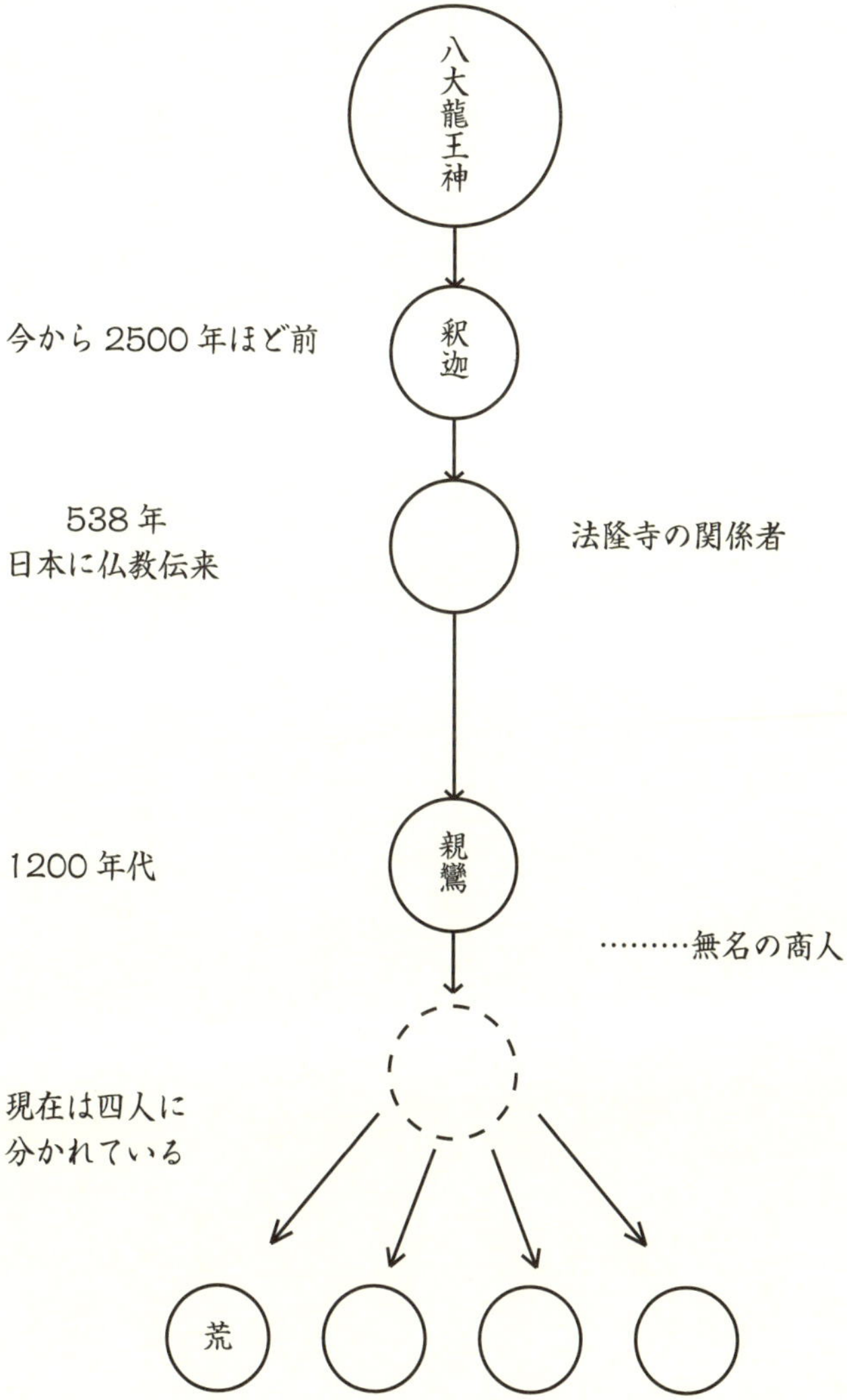
八大龍王神
今から 2500 年ほど前
釈迦
538 年
日本に仏教伝来
法隆寺の関係者
1200 年代
親鸞
………無名の商人
現在は四人に
分かれている
荒

第4図

ているもんだと感心する。そろそろ私の指導も飽きてきてるんじゃないかと思った。

南無阿弥陀仏《なみあみだぶつ》の阿弥陀とはサンスクリット語の発音でアーミタという。アーミタとは永遠の命という意味で魂のことである。ナムアミダブツは「肉体は滅びても魂は永遠である」という意味なのである。どのようにして永遠であるかを表した本が『セスは語る・魂が永遠であることを』である。

阿弥陀仏如来とは創造主のことなのである。宗教というのはおかしなもので、各派の狭い教義の中に人間の観念を押し込んでしまう。人間はもっと広い思考、自由な発想ができる生命体である。そのように創造主は人間を設計したのである。宗教は真実を人々に教えようとしていない。それどころか宗教家はこの世の真実もあの世の真実も知らない。それで私は宗教が大嫌いなのである。

科学、サイエンスは真実を追求する学問である。学問とは問を学ぶと書く。問とは、分からないことという意味だ。知らないこと、知らなかったことを学ぼうとするのが学問。つまり、科学とは哲学のことなのである。

ある神社の祭神、その神は創造主の一員であるが、参拝に来ている人々に向かって、何かブツブツ言っていた。

「大学に合格できますように」と願う人には、

「そんなに大学に行きたければ試験勉強をしっかりやればよいではないか」と。

「結婚できますように」と願う女性に向かって、

「もうちょっと美容を心がけよ。ダイエットしろ、食事に注意しろ」と言う。

「家内案全」を願ってきた人に、

「セーフティーネットに申し込め」と言う。

「健康を願う人」には、

「肉食をやめろ、和食主体でいけ、食い過ぎるな」と言う。

「私、勉強が苦手でどうしたらいいか教えて下さい」と言う人には、

「よく遊べ、遊びの中にこそ学びがあるぞ」とその神は言っている。

「交通事故に遭いませんように」と願う人には、

「安全運転しろ、スピードを上げ過ぎるな」と言っている。

神社は願い事をしに行くところではない。「いつも御守護いただき、ありがとうございます」

とお礼を言う場所である。

寺は葬式場ではない。この世とあの世を勉強する所で哲学所のはずである。

私が死んだら、葬式無用、戒名無用、墓無用。そこに私はいません。

四ノ五　2011・1・11

　2011年1月11日、由美の父親が亡くなった。81才の誕生日を目前にしていた。心筋梗塞だった。三日間、集中治療室に居たが意識は戻らなかった。午前5時半、生命維持装置を止めてもらった。

　近くの葬儀場でお通夜をした。末廣家と近所の人々、デイケアに通っていた先の施設の人々が次々に集まってきた。

　夜、葬儀場で一夜を過ごすべく横になっていると、おやじさん（末廣武雄を私は普段そう呼んでいた）が言う。

「先生、先生、神様が居るぞ、いっぱいいるぞ」と言う。先生とは私のことで普段そのように私を呼んでいた。私より17才年上であったが。

「葬式の時っていうのは、こんなにも多くの神様が来るもんなのか」と私に聞く。

「おやじさん、親類が多かったのだろ、おやじさん末っ子だったたから、上の人たちは皆先に死んでるだろ、だからその人たちがいっぱい来てんだよ」と私。

「それが皆んな神様なんだよ。神様が来てんだよなー」と言う。

「泉の女神さんな、みつはの女神様なんだけど、来てるだろ、病院からずっといっしょに居るだろ」と私。

「うん」と言う。

「すごい美人だろ」と言う。

「先生の言ってた通りだ、びっくりしたよ」とおやじさん。

「一杯呑もう」と言う。

「さっき、ここ来る時、焼酎買ってきてくれただろ、あれ明日燃やすのもったいないよ。今呑もうよ」と言う。レジ袋から取り出した。

「私はお湯割りなんで、ポットを運んでくるよ。おやじさんはストレートだろ」と私。

「うまいなー。久し振りだよ」とおやじさんが言う。

「禁酒させたからなー。おやじさん薬いっぱい飲んでたからな。アレ、酒と化学反応しちゃうんだよ。あのままさせといたら、もっと早く死んでたよ」と私。

「生きてる内に、こうやって先生と一杯やりたかったよ」とおやじさん。

「あしたな、葬儀終ったら、まっすぐ神様のところへ行って手続きしとけよ。女神さんが全部段取りしてくれるからな。まず行き先は出雲だぞ。大国主命さん来てるだろ」と私。

「うん、分かった」とおやじさん。

「うち来て、うろうろすんなよ。由美のこと心配するなよな。ノストラダムスがいるだろ。他にも名医がいっぱいいるから任せとけよ」と私。

「うん、由美の頭の中、見せてもらったよ。ほんとに、先生言ってた通りだった。よく生きてるよなー」とおやじさんが言う。

「それから、洋子さんのことなんだけど、倭姫に合流しちゃったから、今はもう神様になってる。倭姫も来てるだろ」と私。

「うん、先生の言ってた通りだった。びっくりしたよ」

「すごい美人だろ」

「うん」

「あしたの段取りなんだけど、導師はな、八大龍王がやる。お経は八大龍王が主でやるからな。みつはの女神さんは奈良の川上神社の祭神だけど、そこへは直ぐに行けないと思うよ。いろいろ手続きがあるし、今回の人生について、いろいろ反省しなきゃならないこともあるし」と私はこれからのおやじさんのスケジュールを教えた。


翌朝、本葬の準備が始まった。係員が私のところに走ってきて、

「お酒がない。昨日の内に必ず買っておいて下さいとあれほど言ってたでしょ」と言う。

「うん、アレな。おやじがお通夜の内に呑みたいって言うから、あげたよ。器だけならここにあ

るけど」と私。係員がきょとんとして私を見つめている。ややあって、

「あー、そういうことですか、それならいいです。カラの器だけ入れても意味ないからいいです」

と言って作業を再開した。

外は雪が舞っていた。白山姫神が来てるなと思った。みつはの女神さんのお姉様なので。

出棺の時も雪が舞い続けていた。浄化の雪か～と思った。出発するとすぐに雪は止んで太陽が光を当ててくれる。乾いている道を一行はスムーズに焼場へと進んだ。

おやじさんはその後、言っていた通りに神々のところへ行って必要な手続きを終えた。三日ほど大国主命さんから講義を聞いた後、宗像神社に入った。彼の母親の御魂が多紀理姫神だったので、一旦多紀理姫の下へ行った方がよいとの大国主命の判断だった。

四ノ六　２０１１・３・１１

その日、私と由美はアパートを引越す準備に追われていて、テレビを見ているひまもなかった。

由美の実家は、おやじさんが老けていくのと足並みをそろえたかのようにアチコチ傷んでいた。

修復の工事を人に頼んでいる内に三月に入ってしまった。工事中は引越しどころではなく、七日ごとの法事もあって忙しかった。

49日の法事が終ってから、ようやく本格的な引越しが初まったのである。

3月1日、おやじさんの納骨の日、段取り良く事が運んだ。墓は市営墓地にあったのでまず区役所へ行って、必要な手続きを行った。骨壺は洋子さんのそれのすぐ横に置いた。「ほっとした」とおやじさんが言う。それが一番心配だったらしい。私がスムーズに納骨をしているので感心して見ていたらしい。私は九州に来る前に両親の葬式を経験しているので何でもないことだったのだが、おやじさんは不慣れだったらしい。その日みつはの女神さんにつき添われて来ていたようだ。

多紀理姫神の下における、おやじさんの浄化はスムーズにいって、この日はみつはの女神さんに引き取られていたのである。

3月11日夜、引越し作業でくたくたに疲れていた。アパートに帰ってテレビのスイッチを入れた。津波のニュースが流れていた。どこの局も同じニュースだ。大変な事態が発生していることを知った。北九州市の海岸地帯にも津波警報が出っぱなしである。

翌朝の新聞は東北関東大地震と大津波のニュースでいっぱいになっている。幸い、北九州の海岸地域では50センチほどの津波の高さで被害は無かったので、引越し作業を続行した。アパートも由美の実家も海岸からほど近いところにあった。

引越しを専門業者に頼むことができなかった。空家に引越しするのとわけが違う。二世帯が別々に住んでいたので、家財道具も何もかも二世帯分になっていたのである。引越しというよりむしろ、二つの家の整理整頓といった方がよい。ものすごい作業量となった。

3月11日から三日ほどたって、大国主命が八大龍王に何か報告に来た。

「用意ができた」と。東北大震災で亡くなった人々の霊を一ヶ所に集めたらしい。数万という。場所はどこかと尋ねると仙台の大きな寺らしい。

「これから葬儀に行く」と八大龍王。

「集団葬儀?」と私。

「そうじゃ、日本中の神々とそこで修業している者たち、それから武雄の命にも手伝ってもらうぞ」と八大龍王は言う。

「武雄の命はまだ亡くなってから二ヶ月と少々ですが」と私。

「かまわん。受付でも何でもやってもらう」と八大龍王。神々がみんな出かけて、誰も居なくなった。

3月15日、アパートを引渡して、由美の実家に住むようになった。各部屋はアパートから持ち込んだ荷物でいっぱいになっていた。その日から、かたづけが始まった。

1週間後、神々が我が家に来た。

「やっと終った」と八大龍王。

「武雄の命は」と私。

「武雄の命はな、ヒーリングがうまくて感心したよ。器用な男でな〜。神様たちが霊たちのヒーリングをしているのを見て、同じように出来とった」と八大龍王が言った。

四月に武雄の命の百日法要をした。その日、武雄の命から申し出があった。「由美の守護をしたい」と。

「みつはの女神様が許可をしてくれているのですか」と私。

「はい」とみつはの女神様だった。

「そういうことならよろしくお願いします」と私は言った。それから数日後、武雄の命が私に言った。

「由美の守護は自分にはできない。先生、あんたがみんなやってくれてて、かなわんな〜」と言った。

「で、これからどうする?」と私。

「ノストラダムスに弟子入りしてヒーリング技術を学びたい」と言う。

「ヒーリングはみつはの女神様もするんだから、親神様のところに一緒に居た方がいいんじゃないのですか」と私。

「ノストラダムスは名医ですし、その筋の専門家がこの家にはいっぱい来るので、武雄の命の希望通りでいいと思います」とみつはの女神さんが言う。

「そういうことなら、一緒にこの家に住んだらいいね」と私。

由美の母と父、私とノストラダムス、ドクターとイエス、この家は人間の数より神様の数の方が多い。

しなつひこの神に言わせると倭姫も素晴らしいヒーラーなのだと言う。倭姫が伊勢神宮を創建してる頃、その働き振りを見ていたしなつひこの神が倭姫に霊力を授けた。すると倭姫がちょっと触るだけで病人の病気がたちどころに治ったという。

伊勢神宮に風の宮という別宮があるのは、しなつひこの神と倭姫とのそういった仲によるらしい。しなつひこの神は倭姫の重要な相談役になっているのである。

今は私と由美との母になった倭姫は、息子たち、イエスとノストラダムスと私、三人のヒーラーに加え、ドクター・パレ、さらに由美の父親、武雄の命というヒーラーが参加して、ヒーリングチームを結成できた。午前中に伊勢の倭姫神社でおつとめをし、午後にはこの家に来て、家族の長となっている。その時はしなつひこの神も一緒に来る。

四ノ七　2011・11・1

　2011年11月1日、八大龍王が我が家を去る日が来た。「もう、お前には何も教えることが無くなった。ワシャー帰るよ」と言う。八大龍王は京都で大きな寺を預かっていて、そこが本来の住まいらしい。そこへ帰ると言う。

「どうぞ」。私は素っ気なく言った。

「大変お世話になりました」と言うべきだったかも知れない。しかし、そのように声は出なかった。激動の人生だったからである。

　順調だった建築設計事務所をやめ、ノストラダムスの預言書に取り組み、ヒーラーの道へと入った。すると神々との出会いが毎日始まっていったのである。おおよそ、「平穏な日々」など一日としてなかったのである。世間の目からすれば「非常識人間」と呼ばれて当然である。しかし、高校時代以来、八大龍王の介入があって、そうなってしまったと言っても過言ではない。その神が我が家を去るに当たり「どうぞ」という言葉で送ることについて、私の方から他に何も感情はわかなかったのである。「重荷が無くなって軽くなった」というのが本心である。「やっと自由にさせてもらえる」という感じだった。

　ともかく、八大龍王の仕事は私にとって余りにも重かったのである。

八大龍王に変わってしなつひこの神が私の指導神となった。ヒーラー集団は誰か創造主が監督しないとならないらしい。自分たちだけで勝手に動き廻るというのはいけないらしい。人命がかかっているからである。しなつひこの神は、私の指導神ではあるが、この家のヒーラー全体の指導神でもある。

では私の守護神はと言うと、大国主命である。改めて挨拶しようと大国主命が言う。

「何で改めて、なんですか、毎日、ここへ来ておられて、いきさつは全て知ってるじゃないですか」と私。

「改めてとは改めてだよ」と大国主命が言う。仕方ないので、神棚の前に立って、合掌し、「改めまして、よろしくお願い申し上げます」と言った。

「うん、それでよし」と大国主命が言う。

我が家のヒーラー集団には他にも居て、みつはの女神様である。この神様は必要に応じて我が家に来るのであるが、美容整形に得意な分野を持っている。つまり女性の美を作り出す神様である。

ヒーラー集団ではないが、文章を書くときには大国御魂神が指導に入ってくる。

薬の相談役はすくなひこなの神がしている。ヒーリングを依頼された時、その患者の症状を聞くのであるが、適切な薬で治るケースが多々あるのである。

その他、毎日我が家に来る神様がいる。何も用事がなくてもである。その神様は天照皇大御神で、ご自分の孫の顔を見にくる。由美のことだ。

娘、つまり倭姫に会いに来ているのかと思っていたら、何と孫が可愛くて来るらしい。私にも孫が出来ているのだが、見に行く感情は少しもわかない。

天照皇大御神は孫が好きなんだ。

もう一人、毎日我が家に来る神様が居る。大綿津見神。イエスの親神様なので。それとしなつひこの神の兄上として。

八大龍王が我が家から去っても、他の創造主、しなつひこの神と大綿津見神、みつはの女神様、すくなひこなの神に囲まれて、少しも寂しさを感じた事がない。私の魂の親神なんだが。


かつて「くによしー、今日からおまえたちの守護をするぞ～」と言って入ってきた神がいた。

「どなた様でー」と私。

「しなつひこの神。おまえたちの母たちに頼まれたからなー」と神。

「うちには八大龍王がいて守護をしてくれてますがー」と私。

「かまわん、似たような者だ」と神。似たようなもん、てどういうことだろうと思って資料をあさった。風の神だそうで。

もう3年も前のことである。

ひょっとすると、八大龍王は自分がこの家から離れる未来を察して、そのようにしてくれていたのかもしれない。先が見える神だから。

第五章　神々に至る道

五ノ一　神道《しんとう》とは

木にも森にも山にも、川にも海にも、空にも息づく。これら森羅万象はすべて神々が作ったものであり、そこに神々の意識を感じ祀る人の生き方、それが神道である。英語ではアニミズムと言う。

太陽に合掌する人がいる。その人はきっと太陽を拝んでいるのではなく、存在している神を感じ、その神に感謝の念を持って手を合わせているに違いないと私は思う。

本来、神には名は無い。人が生まれるよりずっと以前から神は存在していたからである。人が生まれ、人々が社会を作り始め、言葉を持って以来、神々に名を付けていった。人が神名を作ったのである。それは神々の役割に応じてつけられていった。

いつも空にあって、大地と海を照らす神が存在する。その神を人々は天照皇大御神と名付けた。

いつからその神名が存在していたか私は知らない。けれども、ずっと大昔からそのように呼ばれていたのだろうとは思う。

大地と海を照らしているのは太陽であって、そこに神の存在など無いと言うのが唯物論者である。唯物論者から見れば、神道は単なるアニミズムの一種であり、単に自然崇拝に過ぎず、原始宗教のようなもんだと言う。唯物論者は神の存在を否定する。しかしアニミズムの本来の意味は「大自然の全ての物事には精霊や神の意志が働いている」と考えることなのである。唯物論者はアニミズム本来の意味さえねじ曲げているのである。

セス（大国御魂神）に言わせれば、石ころ一つにも神の意志が働いているということになる。

古神道《こしんとう》は故荒深道斉《あらふかみちなり》氏（１８７１年～１９４９年）が体系化しているが、その大元は江戸時代の後期に国学として始まっている。平田篤胤《あつたね》（１７７６年～１８４３年）は奈良時代から始まった神仏混淆《こんこう》の生き方を否定し、神道を本来の「神の道」に戻そうと活動した。それが古神道の始まりであった。したがって古神道の生き方は比較的新しいといえる。しかしながら新道派も古神道派も基本的には古事記、日本書紀を文献として使っていることについては共通しており、記紀に登場する神々についてもそのまま肯定している。江戸後期から一世紀半を経て、今日では神道も古神道もその違いを鮮明にすることは困難と言わざるを得ない。両者とも変化しているからである。

創造主という神の概念は世界共通にある。英語圏では大文字でザ・クリエーターと書く。その創造主が記紀に登場する神々であることを発見し、発表したのは私が初めてである。それは2004年に明窓出版から刊行した『あしたの世界』から初まっている。

一方、手翳しのヒーリングを続けている内、神々が私のヒーリングを手伝ってくれているらしいことが分かってきた。通常、ヒーリング中は患者の守護神が同席する。そこでその守護神たちと会話する機会が多くなっていった。そうした時に私は「あなた様は創造主の一員ですか」と質問しながら、その創造主のイラストを示すことにしている。

「その通りです」という解答をいただいた場合は、その神の親神がどなたであるかを質問する。ほとんどの場合、『あしたの世界P2』に書いた創造主の一覧表の中にその親神の名があった。

「私は創造主の一員ではない」と回答してくれた神様には、その神様の親神様がどなたであるかを尋ねた。

こうして、本著の第一章から第四章までに書いてきた神々の系譜が出来上がっていった。出来上がってみると、これまで言われていた神々の系統図とはだいぶ異なっていることが判明した。

一度、ヒーリングが成功すると、その患者の守護神が別の患者を紹介してくれる。その患者の守護神は最初の患者の守護神と同一である。言いかえると、ある神様がその御魂分けの人々を次々に私のところへよこすということなのである。

神は単神でいるということはあまりなくて、系統の神々と共にいるらしい。そこでその神々にヒーリングのことが次々に伝わっていく。例えば野の神を守護神としている患者がいる。その患者の病気をヒーリングで回復させると、次には山の神（大山津見神）が来て、患者のヒーリングを依頼してくる。大山津見神は野の神の親神なのである。こうした場合、野の神が大山津見神を伴なって我が家へと来る。この時、もし大山津見神が何かしら忙しくて来れない場合は、いざな気の神が来る。いざな気の神から見ると野の神は孫にあたる。孫はかわいいのですね〜。

手翳しのヒーリングを続けている内に神々と親しくなっていった。それだけなく信頼も厚くなってきた。そしていつの間にか神々の世界へどっぷりと漬かることになってしまった。

そのように生きようと決めた事はかって一度もなかった。

ノストラダムスの預言書を研究し、古神道（と言っても荒深古神道）を勉強し、2001年から手翳しのヒーリングの道に入った。2008年と2009年にバーバラ・ブレナン博士と出会ってヒーリングにみがきがかかるにつれ、神々の世界に入ってしまった。神道、古神道を勉強はしたけれども宮司になるつもりはまったくなかったし、神道家になるつもりもさらさらなかった。気がついたら自然に神の道に踏み込んでいた。

人は神が創った。その神は創造主の一員である。しかも日本の有名な神社に祀られている一神である。人の設計図がある。設計図と言っても平面的な図面ではなくて立体図である。その立体図は人のオーラの一部として存在しており、バーバラ・ブレナン博士はそれを「エーテル・テンプレート・レベル」つまりオーラの第五層として自著にイラストで示した。

人を創った神は、人に自由意志と創造性を与えた。大自然界に存在する他の生命体と人との違いはそこにある。

自由意志と創造性を与えられた人間は道具を作り、文明を創ってきた。その一つ一つに神の介在がある。神はいつも人と共にあってあらゆる創造に関与している。

人は神の共同創造者だと言ったのはセスである。

人は、神のこの三次元世界（＝物質世界）における乗り物である。神は人を通して神の存在を示す。他の動物ではそうはいかない。

神は人を通して創造する。

神は唯物論者を守護しない。彼らは「神は存在していない」と思い込んでいるからである。神が存在していないと思い込んでいる人に神はその存在を示すことがない。守護をしていないので、ヒーリングを受ける対象外となる。

つまり、守護神のいない人にヒーリングは出来ないということなのである（注1）。かって、同じような症状の病気をしている複数の人に同じようなヒーリングをしているのに治る人と治らない人がいた。それはどうしてそうなるのか分からないままに数年が過ぎ去っていた。２００８

年にバーバラ・ブレナン博士の『光の手』を読んでいた時、ヒーラーの周辺にヒーリングの名手と考えられる神々が、ヒーリングをしているイラストを発見した。その時、その神々がいて初めて病気が治るのだと悟った。

手翳しのヒーリングによって治る人というのはその患者に守護神がついてる人なのである。と同時にその患者が自分の守護神の存在を意識している場合に限られてくる。ただし、患者は御自身の守護神がどの神であるかについて神名を知らなくてもよい。神が存在していることを知っているだけでいい。

患者が自身の守護神が誰かを知りたくなっている場合は、大国主命にお伺いを立てることになる。これは頼まれた場合に限り私が行なっている。

神は御自身が創った人間に自由意志を与えているからといって放っておくということはない。神は常に人と共に居ようとしている。そこで、神社は必要ないはずという理屈が生まれる。そこのところを私の指導神をしていた八大龍王にかって質問したことがあった。その時、八大龍王は少しも怒らず、丁寧に説明してくれた。

「多くの人々は、神の存在が分からないので、そこに行けば神様に会えるということで神社を作り、宮司を置いている」と言った。続けて、

「神社に行くとそこに祀られている神のことを知ることになり、又、その神社の由来も分かるだ

ろ。だから神社は、一般の人々にとっては必要な施設なんだ」と付け加えた。

多くの人々は、神はどこか遠い世界に居て、人間社界とは隔絶された存在と考えているに違いない。それはまったく間違っている。

神はいつも人と共に居て、おいしい物を食べ、おいしい飲物を作り飲んで（その人にそうさせて）この世界を楽しんでいる。人が病気になるとその病を治そうとする。新車が出来ると乗り心地はどうかと一緒に乗り込んでくる。雪が積もるとスキー場に行ってスノボーで遊ぶ（注２）。カラオケでド演歌を歌う神も居る。気分転換にパリーで数日を過す神々も居る。ハワイで波乗りを楽しんでくる神々も居るのである。

注１：神に守護されていない人はいない。しかし、見放されている人や遠くから見守られているだけの人がいる。守護にも色々あるということなのである。ヒーラーの立場からすると神に見放されている人や遠くから見守られている人は「守護されていない」ということと同意義なのである。そんな人を私が勝手にヒーリングしようとすると、「余計なことはするなー」と叱られる。

注２：我が家にいる神々はヒーラー集団（数音彦命たち）なので、ヒーリングが一段落すると気分転換のため遊びに出かける。スノボーは実物の三次元コピーである。これはホノグラフィーの技術による。カラオケは街にあるカラオケ施設に出かけ、その客と一緒になって歌う。夜は赤ちょうちんで一杯飲む。神社に祀られていない神々がたくさんいる。

ずい分昔の話である。故関英男博士が主宰しておられた加速学園に通っていた頃、教室内である女性たちからよく声をかけられた。

「池田先生、香水を使ってらっしゃるのですね」と。

「いえ、私は香りは使いませんし、香りのある物は身につけていません」と私は否定する。

「だって、池田先生のそばに行くと必ず、花の香りがしますよ」とその女性が言う。

「花の香りですか、そう言われれば、私、家のベランダでカトレアの花を咲かせたりしてますので、洋蘭の香りが服に着いてきたのかも知れない」と私。

「カトレアの香りではないです。濃いバラの香りと思えますが、とっても良い香りなのでその香水の名前を教えて下さい」と彼女は言う。

「しつこいな〜、私は香水はつけてないと言ってるじゃないですか」と私。少々イライラしてくる。隣りに座っていた学園の先輩に香りがするかどうか聞いてみた。すると、

「ぼくには何も感じないんだけど」と静かに答える。そこで話しかけてきた女性に向かって、

「隣りに座っている社長は何も感じないと言ってるよ」と言って話を打ち切った。２００1年の12月に関英男博士が亡くなり、加速学園も無くなって、この件は私の頭の中から消えていた。

2004年に末廣洋子さんのヒーリングに入った年とその翌年、洋子さんの娘、由美とヒーリングの打ち合わせをしていた頃、よく由美が私に言った。

「濃いバラの香りがするわ、先生何か香水つけてる?」と聞いてくる。

「私、香水やら香りがついている物は一切身につけません」と私。

「わたしネ〜、よくこの香りがするの、昔から人によく、そう言われるのよネ〜」と由美が言う。

それで、かって加速学園でおこっていた事態を思い出した。そういう時、誰か神様が来ているに違いないと思い始めていた。それも女神様に違いないと思った。男性の神様がバラの香りを使うはずがない。問題はその女神様が誰か分からないまま2006年の夏に入った。その年の6月1日、私は単身、北九州市の小倉に引越しをした。由美とその父親のヒーリングに専念するためであった。引越しを完了すると、アパートの一室はバラの香りに包まれた。そのことに由美も気づいた。部屋にはバラの鉢はなかった。他にも鉢植物は置かなかった。由美も私も香水は持っていなかった。

ただ何となく見当はついていたような気がする。バラの香りを使う神様のことだ。母だなと思った。しかし確証が持てなかった。と言うのは、由美もずっと昔から同じ香りを感じていたらしいからである。ここで母というのは私を生んだ母、安枝母のことである。その安枝母はずっと私の守護をしていて加速学園にも来ていたと考えられる。その母がまだ会ってもいない由美のところにも行っているということは考えられないことである。安枝母が使うバラの香りと同じ香りを誰か別の神様が使っている可能性の方が大きい。

その誰かが特定できないまま2年の年月が流れた。事態が明らかになったのは前著『光のシャワー』を発刊してしばらくたった頃、２００8年の秋頃である。

伊勢から神倭姫命が頻繁に来るようになった。由美の容態が日に日に悪化し、私のヒーリングでは役に立たないことが明らかになった頃であった。脳脊髄液減少症は治ったものの、脳は下がったままで正常な位置になかった。由美は体中の痛みを訴えていた。痛み止めの漢方薬を煎じて飲ませること、それしか私に出来ることは無くなっていた。死が目の前に差し迫っていることを感じていたが由美にはそのことを言わないでおいた。倭姫が迎えに来ていることも。

その時になって倭姫が安枝母と同じバラの香りを使っていることにようやく気づいた。安枝母の魂は聖母マリアであって、倭姫の波動とは少し違っていた。その少しの違いであっても、長い間のおつき合いの中で、母とは違う波動を倭姫に感じるのは当然のなりゆきというものである。倭姫は伊勢に御自身の神社があるので毎日、午前中は由美のところには来られない（注3）。必ず午後から夕方にかけて来る。安枝母にはそういった決まり事はなかった。そのため、倭姫と安枝母がまったく同じ香りを使っていることが明らかになった。

「守護に来ました」という印《しるし》に母達はバラの香りを使っていたのである。この点、八大龍王は香りという物を使わなかった。八大龍王は常に声で話しかけてくるのである。私自身はそっちの方に慣れていたので、母達が花の香りを使っていたことになかなか気づかなかったのである。

この事が分かって倭姫との距離感が縮まってきたのを感じた頃、私は倭姫に一つの質問をしてみた。

「倭姫神社が出来て以来、御自身の神社のこともあり、伊勢神宮全体の御世話をする仕事もあって、倭姫様は大変忙しいことでしょう。由美の守護で毎日ここへ来られるのは大変でしょう。ここへ来られない時、由美の守護はどうなっていますか」と。すると倭姫は威厳ある雰囲気をもって話し始めた。

「由美の守護は、この子が生まれた時から宗像に頼んでおきました。宗像大社はここから近い所にあって、その方が良いと思ったからです」と。倭姫が話し始めるとバラの香りが部屋から消えた。それから少し間があって他の花の香りが部屋いっぱいに広がった。誰か別の女神様が現われたと思った。どなたでしょうかと尋ねると、宗像大社の市杵島姫神であった。

「市杵島姫様が使っておられる花の香りは何ですか」と私。

「しゃくなげです」と姫神。続けて、

「私、由美のことはこの子が生まれた時からずっと知っていました。姉たちと交代で守護してきました」と市杵島姫が言う。

「私、あなたの事を知らないのですが、ただ九州に引越してきた日から後のことは知っています。それ以前のあなたを知らないのでちょっと教えて下さい」と姫神が言う。

「私の母に聞いていただいた方が速いと思います。私の母は聖母マリアと同じ魂でして、また、彼女は倭姫と同じ魂の系列と教えられています。聖母マリアの魂は今、倭姫神社にいて、倭姫の仕事を手伝っていると思いますが」と私。すると、倭姫は私の母を呼んだと感じた。そして市杵島姫神と私の母とが話し始めたように思えた。姫神と私との対話が途切れた。

部屋いっぱいに甘いキャラメルの匂いが広がってきた。由美が飴《あめ》を食べているのかと思って、私は由美に何の飴かと聞いた。すると、

「私、飴食べてないのに、キャラメルの匂いがするんで、どうしてだろうと思っていたわ」と言う。

「誰か他の神様が来たのかも知れないね」と私。

「由美、どなたがお見えになったか聞いてみろよ」と私は由美に言った。由美は目を閉じて、その対象に意識を集中している。しばらくして、

「宗像のたぎつ姫様だって。私の事、小さいときからずっと知っていると言ってるわ」と由美が言う。

「たぎつ姫様はキャラメルの匂いを使うのかと聞いてみろ」と私。

「そうよ、と姫様が言ってるワ」

「そうすると、由美の守護は宗像三姫が交代でやってたと言うことになるな」

「その通りよと姫様が言ってる。それと、あしたは多紀理姫がここへ来るので、話してみるといいわとたぎつ姫様が言ってる」

翌日の午後、部屋中にツツジの香りが漂った。

「多紀理姫様でしょうか」と私。

「その通りです」と姫神。凛として厳しい感じである。背筋に緊張感が走る。加速学園で関英男博士が田原澄の論文を朗読していた時の感じと同じだ。

「由美のことも、あなたの事も良く知っています」と姫神。

「エッ、私の事も知ってる?」

「エエ、加速学園に来てましたから、それとあなたの事は当時からあなたのおかあさんから聞かされていました」

「と言うことは、加速学園に来ていた女神さんは、聖母マリアと多紀理姫様だったんですか」

「そうです」と姫神。びっくりして声も出ない私だった。一息ついて、気を取り治してから私は次の質問を多紀理姫様にしてみた。

「田原澄が教室に来ているとばかり思っていたのですが」

「そこのところは少しあなたの誤解なの。田原澄は確かに私の魂なんですが、洗心の教えを指導したのは、私ではなく、八大龍王だったの、あなたの後に控えている神よ」

またもやびっくり仰天である。心臓が飛び出しそうだ。気を落ち着かせるのに時間がかかった。

「田原澄は今、宗像にいるのでは」と私。

「いいえ、田原澄の御魂は八大龍王が預かっているわ」

「関英男博士を指導した神様は居ますか」

「八大龍王なの」と多紀理姫。続けて、

「関博士の魂も、八大龍王が預かっているのよ」と言われた。

注3：創造主クラスの神々は御自身の分身をいくらでも造り出せるのであるが、倭姫は神に祀り上げられてまだ間が無い。むしろ人に近い神なので、自身の分身をまだ作ることができない。

五ノ三　神々の香り

女神様たちが、由美や私の居場所に到着した時、花の香りで知らせることが分かってきた。そんなある日のこと、苔《こけ》むした匂いが部屋に広がった。当時、由美の実家からそれほど遠くないアパートに住んでいた。そのアパートの敷地周辺では一日中陽が当たらない所があってそこに苔が生えていた。しかし、その苔は余り匂いが無くて、部屋にその匂いが入るということは無かった。初め、由美はその匂いが何か分からなくて、

「これは何の匂いかしら」と私に聞く。

「古い苔の匂いだよ。神社の屋根は通常、桧皮葺《ひはだぶき》なんだけど、そこに苔が生えるだろ、その匂いだよ」と私。その時、多賀大社の水平に大きく広がっている神社の屋根がイメージとして見えた。

「おそらく、いざな気の神が来ているんじゃないかな〜」と私。そこで神様にお伺いを立てることにした。

「いざな気神様、お見えで〜」と私。

「そうじゃ」と神。

「本日は私に何か御用事でも〜」

「しなつひこの神に用事があっての〜、くによしには特に用事ではない」と神。この日の会話はこれで終った。しかし、苔の匂いがしたらいざな気神が来ているという認識を持つことになった。

また、別の日のこと。コーヒーの香りが部屋いっぱいに広がった。由美が、

「あら、コーヒーいれたの、私のは？」と言う。

「うちにはコーヒー置いてないこととあんたも知ってるだろ」と私。私はコーヒーは嫌いではないが家では飲まないのである。朝から夕まで緑茶ばっかり飲んでいる。

「誰か、また他の神様が来ているのかも知れない」と私。そこでお伺いを立てた。

「どなたか神様がお見えでしょうか」

「天之菩日《ほひ》の命」と神。

「亀戸天神社で～」と私。

「おまえ、その事良くしってるな～」

「大学卒業まで江東区で暮らしてましたので」

「へェ～、知らなかったよ～」

「本日は何か私に用事でしょうか」

「うん、最近、ヒーリングということをよく聞くようになったので、ヒーリングの原理は何か教えてくれ」と神が言う。

「それは出来ますが、どうして私のところへお見えになったんですか」

「天照皇大御神に話したら、それはくにょしに聞けと言う。それで来た」天之菩日の命は天照皇大御神の二男である。「分かりました、それで私のところへ来たんですネ」と言って、私はヒーリングの原理を説明した。

「神様には人のオーラが見えてますでしょ」と私。

「うん」

「そのオーラが歪んでいると、その箇所の肉体が痛んでいます。それが、オーラを正常な形に修正するんです。波動修正とも言います」

「なるほど～」と神。

「分かった、また来るよ」と言って神は消えた。

この神様は後に御自身の御魂分けの人の病気治しの依頼をしてきた。ご自分には治せそうにないと言って。その患者は胃潰瘍を煩《わずら》っていた。

天照皇大御神は時々、紅茶のアールグレーの香りを使うことがある。その紅茶が好きなんだそうである。しかし最近はその香りも使わなくなった。何か用事がある時は直接話しかけてくるようになったからである。あるいは数音彦命(＝ノストラダムス)に直接用事を頼むことが多くなっている。彼のヒーリング技術が信頼されてきていることが分かる。

川の神様、瀬織津《せおりつ》姫はサンショウ魚の匂いを使って訪問したことを告げてくる。しかし、瀬織津姫は泉の神様、みつはの女神さんの妹にあたるので、その来訪は予め、みつはの女神様が私に言ってくる。そのみつはの女神様はほとんど毎日のように我が家に来ているのである。それというのも、由美の父親、武雄の命がノストラダムスと共に我が家のヒーリングチームに加わっているからである。
みつはの女神様ご自身がヒーラーで、その御魂分けたる武雄の命がヒーラー志願で我が家にずっと居る。しかもみつはの女神様は倭姫と非常に仲が良い。そんな事情があって、瀬織津姫は香りを使わなくても、来訪が分かることになっている。

大綿津見神は何種類かの香りを使う。その一つは日本海の潮の香りである。生ワカメを干している匂いといってもいいだろう。この香りの時は私の自宅では大綿津見神が何か用事があって来ていると分かるのであるが、他の場所では通用しない。というのは小倉や福岡市は大部分海に面している市街地なので本当の海の匂いと間違えやすい。そこで別の香りを使うことになるが、それはグレープフルーツの香りである。ビルの会議室等でグレープフルーツの香りがしていると、隣の席に大綿津見神が来ていて、一緒に会議の内容を確認していると分かる。ただし、我が家ではほとんどそういう香りは使わない。日々、お見えになっているから、香りは必要なくなっているのである。

傑作なのは火明りの命であった。ある日、ビールの匂いとフライドポテトの匂いが部屋に漂った。私はビールをほとんど飲まない。例外的に講演会の後で、参加者と夕食会を開く時はビールを飲む。話し終った後では、ビールがうまい。

その日、我が家にはビールを置いていなかった。そこで誰か神様が来ているに違いないと思った。

「どなた様で～」と私。

「火明りの命」と神。

「火明りの命様はビールがお好きで～」と私。

「うん、おまえの家にはビールが無いので近くのコンビニで買ってきた。レジの近くにフライドポテトが温まってたんで、それもついでに買ってきた」と言う。

「つまり、おみき持参というわけですか」

「うん、そういうことそういうこと」

「して、ビールはどこのもので～」

「ビールはサッポロ」

「そうすると、いつもは札幌にお住まいで～」

「そうじゃー」

「ところで本日の御用件は何でしょうか」

「うん、ヒーリングとは何か、教えよ」と神。そこで詳しく一通りヒーリング技術を説明した。

その後何度か火明りの命様が我が家を訪れたが、いつもビール持参であった。

木の花咲くや姫神は春先に咲く白いコブシの木の花の香りを使う。しかし、これは初期の頃だけで、今では数音彦命や倭姫を通して午前中に訪問の予約をするようになった。木の花咲くや姫は創造主の一員で、ヒーリングは御自身でする。そのため、ヒーリングを頼まれたことがない。この点はみつはの女神様も同様である。

昨年7月に花の女神を呼んだと木の花咲くや姫神が伝えてきた時、花の女神はどんな花の香りを示すかと期待していた。到着の時間を予め告げられていたが、その時間帯には何の香りも感じなかった。ただ、ある音楽が繰り返し私の頭に響きわたっていた。その曲の名前を忘れてしまっていたが、しばらくして思い出すことができた。「花のワルツ」である。そこで、

「花の女神様は着メロを使うんですか」と尋ねてみた。

「やっと分かった～?」と花の女神。

「花の香りで到着を告げるかと思ってました」と私。その後は歓迎の宴となった。

その後も時々花の女神が我が家を訪れることが続いているが、いつも「花のワルツ」が聞こえてくるので来たことが分かるようになった。花の女神様は由美の容態が気になっているそうで定期的に由美の見舞に来てくれている。そうした時には三日間ほど我が家に泊まっていかれる。すると必ず、木の神と木の花咲くや姫神も我が家に来て遊んでいかれる。

神々が由美や私のところへと来た時、様々な香りを使ったり、着メロを使うということが分かってきた頃、自分の子供時代のことを思い出した。小学校の授業を終えて、家で宿題にとり組んでいると、部屋いっぱいに柿の実の熟した香りがしてくる。学校から帰ったばかりの時間なので腹が減っている。どこに柿の実があるのだろうかと家中探してみるものの見つけ出せない。やがて諦めて再び机の前に戻る。こうしたことが度々おこっていた。そのことを大国主命に尋ねてみた。

「大国主命様は柿の実の香りを使うのですか」と。

「おまえ、そんな昔のことをよく覚えてるな～」と大国主命が感心して答えた。

「桃栗3年柿8年と教えておいただろう」と神は続けた。

「8が問題の数魂《かずたま》だったんですネ」と私。

「その通りだ」と神。続けて、

「おまえは8だぞという意味で、ずっと後になっておまえは自分の魂が八大龍王の魂だと気づいたではないか」と言う。

その8は8番目の創造主のことでもあってその神は「天之外世括網縫神《とよくもぬ》」のことであった。さらにこの創造主は「天之床立地神」の分神であることも分かってきた。記紀ではこの神名は豊雲野神と書かれている。

五ノ四　十年一昔

２００９年の初夏にしなつひこの神が倭姫に頼まれて由美と私の守護に来て以来、今年で４年目となる。そしてそのしなつひこの神を訪ねてくる神々が日々絶えない。そのためたくさんの神名を自然に覚えてしまった。２００９年は私が初めて古神道を勉強し始めた年から丁度10年目に当たっていた。

神道や古神道のことを何も知らなかった一建築家であっても、10年も勉強すると少しは神々のことが分かってくるものではある。十年一昔と言うけれども十年という歳月は人生における一つの区切りを迎える年であるらしい。

１９９９年はノストラダムスの預言ブームが終った年でもあった。「ブーム」が終了したのであって「預言」そのものはまだ続いている。それでも人々はそのブームがあったことすら今は忘れてしまっている。１９９９年は遠い過去になってしまった。

２００９年の夏頃、しなつひこの神を訪ねてきた神がいた。数年前のことなのでどの神様であったか、今は失念している。

「たのも〜」といってその神は玄関の前にきた。道場じゃあるまいし「たのも〜」は何か変だと思ったので、対応しなかった。

「しなつひこの神はここか～」と再び聞く。神名は言わなかった。その時、しなつひこの神が御自身の部屋から出てきてその神に何か応じた。

この年、由美と私はアパートの一室を借りて住んでいた。しなつひこの部屋というのは仮定の話で、人間界の空間（部屋）のことではない。神の次元における空間のことである。人が住んでいる三次元空間であってもさまざまな空間がダブって存在している。これをパラレル・ワールドと言う。

私と由美が住んでいたアパートにこれと平行するかのように神々がその次元における部屋を持っていると仮定すればよい。ノストラダムスが住んでいる空間、しなつひこの神の専用部屋、八大龍王の個室、女神様たちの部屋、それに応接室や会議室等々である。小さなアパートにそんな多くの部屋は作れないではないかと考える人はまだ頭の中が三次元空間しか考えられない人である。「神々の次元空間」と私は言っている。

そこで、しなつひこの神が御自身の部屋のドアーをあけて、玄関に出、たのも～の神に応対している……、と仮定して下さい。

「今、伊勢の別宮に行ったら、留守居役の神がいて、しなつひこの神は小倉のこのアパートにいると教えてくれた。しなつひこはどうしてこんな小さなアパートに来ているんだい」とたのも～の神がしなつひこに言っている。

「あのな～、神宮で参拝客の願い事聞くだけが神の仕事ではないぞ。世の中の偉い人たちばかり守護してればよいということにはならんぞ。一般庶民の暮らし振りを見るほうがこの国の国力、底力というものが理解できるぞ」としなつひこの神がたのも～の神に言っている。二人の神のただならぬ様子を感じて倭姫が部屋から出て玄関に行った、と仮定して下さい。

「なんだ～、お前もこのアパートに来てるのか。いったいどうなってんだ。誰だこのアパートに住んでんのは」とたのも～の神が少々イライラして倭姫に言っている。そのたのも～の神の剣幕に驚いたらしく、ノストラダムスが自分の部屋から出て、玄関に行った（と、ここから先はすべて読者のイメージが頼りです）。

「誰だお前は」とたのも～の神がノストラダムスの風貌に驚いている。黒くて長いひげが顔をおおって、2メートルを超える大男である。まるで倭姫のボディガードのように見える。

「私の息子よ、ノストラダムスよ」と倭姫が言っている。

玄関が騒々しくなってきたので、八大龍王が自分の部屋から出て玄関に顔を出す。

「あ～、お前か。ここはな、ワシの隠れ家でな、まあ玄関で立話もなんだし、部屋に入れよ」と八大龍王がたのも～の神に話している。

たのも～の神が居間に入ってきた。ものすごい熱気である。真夏にダルマストーブが急に入ってきたようなもんだ。私はクーラーの設定温度を充分に下げた。

居間に神棚（単なる板）があってそこに「天照皇大御神」と書かれた神宮のお札が立てかけてある。八大龍王がたのも〜の神に話しかけた。

「こいつはな、ワシの息子だ。そこに居る女の子は、こいつのヨメでな、倭姫の娘にあたる」と八大龍王が説明している。

「今日は熱いな〜、そこの者、水を一杯所望じゃ」と私にたのも〜の神が言う。私は冷蔵庫から冷やした水を出してコップに注ぎ、神棚に置いた。天照皇大御神のお札《ふだ》の前にである。合掌して「どうぞ」と私は言った。神は「うん」と言って冷水をぐっと飲む。

「うまいな〜。ところで玄関の表札に書いてある池田邦吉というのはお前か」と神が言う。

「はいそうです」と私。

「どこかで聞いたことのある名前だ。え〜っと、ノストラダムスの預言書の研究家だったっけな」と神。

「はいそうです。そこにいる倭姫は私の母でして、ノストラダムスの母も倭姫でして、ここに居る由美の母親も倭姫なんです」と私。たのも〜の神が目を白黒させて、

「何の話しとるのか」と私に聞く。

「詳しい話は母から説明があると思うので応接室の方へどうぞ」と私は言った。実際、この小さなアパートには応接室は無い。しかし、神々の次元ではどこかに存在していると思っている（読

者もそう思ってほしい)。その応接室に神々が入った。

夕日が西の山の向こうに沈み、気温がいくぶん下がってきた。やがて夕やみがあたりを包みはじめた。私は夕食の準備にとりかかり、神棚にはおみきを供えた。その時、

「ワシは日本酒だぞ」とたのも〜の神が声をかけてきた。来た時とは打って変わっておだやかな波動になっていた。母たちの説明で、神々がどうしてこのアパートに居るのか納得してくれたようだ。日本酒をうまそうにぐいっと飲んで、たのも〜の神は言った。

「事情はよく分かった」と。

その翌日も、夕日が西の山の向こうへと沈むと玄関先から「たのも〜」と声がする。「どうぞ御自由に」と私。それから毎日、この神様が我が家に来るようになった。

翌年の4月7日、私の親しくしている読者に呼びかけ伊勢神宮を参拝した。北海道から6人、東京から2人、関西圏からは多くの人が参加してきた。総勢何十人集まったのか余り多くて覚えていない。その日程は私と由美が決めたのではなく、倭姫が決めてきた日程であった。倭姫神社の正門が面している道の両側に桜並木があって、その桜の花が大変美しく、咲き揃うのが4月7日頃だと前年の冬に倭姫が言った。その言葉に従ったのである。

その日、早朝に宿泊先のホテルを出発した。外宮《げぐう》とその別宮を全部参拝し、倭姫神社に到着した時は全員汗だくである。気温がぐんぐん上がってくる。予め倭姫が言っていたとおり桜が満開

となっていた。前日は寒風吹き荒び、ものすごい寒さだったと地元のタクシー運転手が言っていた。

五十鈴川の橋を渡って、内宮はまず風日祈宮《かざひのみのみや》から参拝する。その別宮は内宮からもう一度五十鈴川を渡らなくては行かれない。その橋が工事中のため仮設の橋がかかっていた。私たちは風日祈宮の前で二列に並んだ。お参りしようとして宮の正面を見ると肝腎《かんじん》のしなつひこの神が不在である。姿が見えない。外宮の風の宮に行っているのかも知れないと思いながら参拝を済ませた。最後の一礼をすると、

「よくできました。よくできました」と言ってしなつひこの神が私の頭のてっぺんを撫で回した。何と、しなつひこの神は私の横に居たのである。道理で見えないわけだ。

「せっかくみんなでお参りしているのに正面にいてくれないとかっこつかないですよ」と私。

「今日はいつもと違って、やりにくいんだよ。八大龍王はくによしの後にいるわ、由美の後には倭姫がいるし、神々がいっぱいみんなの後についてきてしまって、やばいよ〜」と言う。

「そういうことならしかたないですネ〜」と私。みんなでゾロゾロと内宮へと歩いて行った。その間、しなつひこの神が私の横にいて「らんらんらん」と歌いながら歩いていた。

一行はやがて最後の目的地に着いた。まだ午前11時頃である。「やった〜」と思った。この分なら午前中に全てのお宮を参拝できるからである。熱くて汗が顔からしたたり落ちる。内宮本殿

に向かって全員二列に並び、一斉にお参りした。すると本殿が見えないように下げてある白いカーテンが、まっすぐ90度舞い上がった。本殿が丸見えである。一行は唖然として声が出ないまま、立ちつくしていた。

天照皇大御神が、

「よう来たよう来た」と言って大喜びしている。

一行の後に他の参拝客が並んでいるのを感じて、帰りを促した。振り返るとカーテンは閉まっていて奥は何も見えなくなっていた。

その翌日は雪まじりの強風だった。

五ノ五　サンタクロース

2010年の12月下旬に入った頃、しなつひこの神が年末と年始のスケジュールを言った。24日夜から26日夜までここには来ないと言う。又、30日、31日と翌年の正月は来れる時間が短かくなるスケジュールも言った。その一つ一つをメモし終った時、私は不思議な気持になった。前年もまったく同じスケジュールを言っていたからである。暮から正月にかけて、神社には参拝客が多い。そのため、神様たちは忙しくて我が家に来られない。しかし神社を持っていない神様もいる。例えば数音彦命である。彼はずっと私と由美のそばに居てくれるので由美に何か異変が起これば、しかるべき手当はしてくれる。年末年始のスケジュールをまるで判を押したように細かく言ってくるしなつひこの神の意図を私は計りかねていた。

その時、２００９年の12月23日頃にあったしなつひこの神と私とのやりとりを思い出した。

「くによし、クリスマスのお祝いはしないのか」としなつひこの神が言った。買物をした時、私はクリスマス用品を何一つ買わなかったのである。

「私はクリスチャンではありませんし、ケーキやら何やら興味がないんです」と言った。

「クリスチャンでなくともみんなクリスマスの夜はそのことで楽しむんだから、それでよいではないか」としなつひこの神。

「何か、しなつひこの神様、ほしい物があるんですか」と私。

「ワシのことではないんだ。姫たちが白いクリームケーキが食べたいと言ってるよ」と神。

「ああ、そのことですか、母たちがクリスマスパーティーをしたいんですネ。それなら明日の午前中にでも店に行って買ってきましょう」と私は言った。倭姫に合流して神様になってはいるものの、母たちはまだ娑婆《しゃば》のことを忘れられないのだなと思った。

「私もケーキ食べたい」と由美が割り込んできた。

「母たちはどういうケーキがいいんだろうか？　チョコレート・ケーキもあるし、今はいろんなケーキがあるんだけど」と私。

ということで、この２００９年の12月24日は私としてガラにも無く我が家でクリスマスパーティをやってみた。

そんな事があって今年も同様にすればいいのだろうと漠然とイメージしていた。その時しなつひこの神が言った。

「メニューはどうなる」と私に聞く。

「メニューですか、エ〜と、鳥一羽ロースト済のもの、サラダ、他に温野菜、フライドポテト、こんなんでどうでしょうか」と私。

「うん、それでいい」

「お出かけになるのは何時頃になりますか」

「午後10時」としなつひこの神。その時、前年も、まったく同じ時刻に神様が消えたことを思い出した。

「夜の10時ですか、そろそろ小さな子たちが寝るころですね。まず、この近所から始めるんですか？」

「そうじゃ〜」としなつひこの神。この時、あるシーンが気になってきた。赤い服と白いひげのおじいさんのことだ。

「ひょっとして、しなつひこの神様は、昔セント・ニコラスという牧師さんだったのでしょうか」と私。

「その名前をよ~知っとるな、くによしは」としなつひこの神が感心している。

「何の話してんの」と由美が話に割り込んできた。

「あのな、ずい分昔々の話なんだけど、現在のトルコとギリシャとの国境付近にニコラスというキリスト教の牧師さんが住んでいたんだ。ある年、その村が食料飢饉に陥った時、その牧師さんが自分の教会の中にあった食料倉庫から食料を取り出して村人に分け与えた。そのため村人は餓死者を出さずにすんだ。後にニコラスはセント・ニコラスとして聖人の仲間入りをしてるんだ。そのセント・ニコラスがサンタクロースとなまったんだ」と私は由美にサンタクロースの語源とその意味について話した。

「へェ~　知らなかったわ」

「それでな、しなつひこの神様が、セント・ニコラスというキリスト教の牧師さんだったんだって。つまりな、しなつひこの神がサンタクロースさんなんだよな。だから去年も12月24日の夜10時にうちから居なくなったんだ」と私。そこで、私はしなつひこの神様にたずねた。

「日本の伊勢の神様がどうしてクリスチャンをしたんですか」と。

「あのな〜、くによし、キリスト教も勉強しとかにゃ、クリスチャンのことも分からんだろ。だから体験してきたんじゃ」と神。

「ノストラダムスもクリスチャンだろ」と神は続ける。

「あ〜、そうだったそうだった、うちにはクリスチャンが一人居たんだっけ〜」と私。すっかり忘れてしまっていた。

「ですが、この男、日本の教会には行かないんですが」と私。

「アッハ、ハ、ハ」と神が大笑いしている。

「ノスもイエスも、今は神様になっちゃってるからな〜。教会へは行かんぞ」と神。

「讃美歌よりロースト・チキンか。花よりダンゴってわけネ」と私。

「そうだそうだ〜」とノスたちが言う。

「何のことか分かった。知らなんだよ〜」と八大龍王。

「そういうことなら、ワシもサンタやるよ。しなつひこの神の手伝いくらいワシにも出来るよ」と続ける。

「それだったら、ワシも手伝うよ〜」と今度はすくなひこなの神が言った。

「エ〜、サンタクロースが三人ですか、それじゃ、トナカイとソリも三台いりますネ。今からで準備できるんですか」と私はしなつひこの神に聞いた。

ると、

「そうじゃな、ちょっと待って」と言ってしなつひこの神が消えた。しばらくしてまた戻ってく

「何とかなりそうだ」と言った。

２０１０年12月24日夜10時、クリスマス・パーティを終えた。一瞬、静けさが戻った。その時、アパートの屋根よりもっと上空で「チリーン」と鈴の音がした、ような気がした。

「そろそろ出発のお時間のようでー」と私は言って神棚に合掌した。

「いってらっしゃいませー」と声をかけた。

三神はすっと消えて、はるか上空に待機していた三台のソリに飛び乗った。そのソリの上で赤い服に着がえ、やがて、

「チリーン、チリーン」と鈴の音がした。

「出発したぞ」と私は由美に言った。トナカイの鈴の音が、だんだん遠のいて、やがて聞こえなくなった。

「ケーキ、うまかったか」と私は数音彦命に声をかけた。

「うん、みんなで等分していっぱい食べた」と数音彦命が言う。

「ケーキは誰がカットしたの」と私は数音彦命に聞いた。

「倭姫が」と彼は言った。

「ロースト・チキンも母がカットしたのか」と聞く。

「それはしなつひこの神がやった。すごく慣れてて、きれいにカットするんだよな〜」と数音彦命が言った。

「ソリにおもちゃがいっぱい積んであるのでしょうね」と由美が言う。

「違うよ〜、愛の波動だよ、愛の波動を振りまいてくるんだよ」と私。

「袋の中はな、愛の波動がいっぱい詰まってんだよ〜」と私は付け加えた。

12月26日夜、三神が戻ってきた。

「ごくろう様でした」と言って神棚に向かい合掌した。しかし、何かヘンである。いつもの元気さが神様に感じられない。まるで病人の波動である。どうしようかとしばらく考えていると、お寺のおかゆがイメージできた。釜の中にあった御飯で手速くおかゆを作りみそ汁とお漬け物を添えて神棚に供えた。

「どうぞ」と言って合掌する。

「うまいな〜。あったまるよ〜」としなつひこの神。続けて、

「ワシャー、慣れてるから平気なんだが、あとの二人が参っちゃってな〜」と言う。かなりの強行軍であるらしい。何しろ二日間で全世界を廻ってくるのであるから。

「クリスチャンの子たちのところだけ廻って来るんですか」と由美がしなつひこの神に聞く。

「そうじゃないんだ。良い子の家には、誰の家であれ、行ってきたよ」と神が言う。

「心待ちにしている大人のところにも行ってきたよ」と神が続けた。

「サンタクロースは自分の親たちのことだと考えてる子たちがいるんですけど、その子たちのところへも行くんですか」と由美。

「うん、サンタクロースを信じている子や大人のところには行くんだよ」と神。

「あ〜、やっと生き返った」と腹の底から絞り出すような声で八大龍王が言った。

「来年は若いもんに行かせることにしよう。ワシャー、もう参ったよ」と続ける。

2011年のサンタクロースは、しなつひこの神と数音彦命、それにイエスが加わった。

この一連の行事が終ると、今度は正月の準備にとりかかる。御節《おせち》料理だ。それも神々にお供えする御節料理なのである。

第六章　神と人

六ノ一　火火出見之命

　2008年の暮頃だったかも知れないが、はっきりとは思い出せない。ただその日は冬日だった。エアコンが入っていたことだけはよく覚えている。倭姫が我が家に来ていて、様々問答をしていた。その話の中で倭姫が私の輪廻転生について質問をしてきた。

「あなた様はどうして今だにこうして転生を繰り返しているのですか」と言う。倭姫が私を見ると、倭建命《やまとたけるのみこと》として映っているらしいのである。ただ、母たちが倭姫に合体して後、倭姫は今の私を池田邦吉としてそのまま見ていると思われる。

　倭建命は死して後、全国の神社に祀られているので、神界に入っているはずと、倭姫は信じていたらしい。ところが「そこに私は居ません」。由美の交通事故後遺症回復作戦を展開中だったのである。由美が倭姫の御魂分けだったから倭姫が由美の守護神をしているのは当然として、その由美の前に倭建命がふいに現われて手翳しのヒーリングを始めた（と倭姫には見える）のが何とも不思議らしい。それで「未だに輪廻転生をしているのはどうしてか」という質問になっている。答えるのが非常にむずかしい質問である。

「そうですね〜。八大龍王にでも聞かないと分からないかも知れませんが、今生はとにかくノストラダムスの預言書研究という課題がありましたよネ。神界に居た時から宿題を持っていたようなモンなんでしょうネ。八大龍王の下請けの仕事をいつもしているようなモンなんでしょう。きっと。

必要な時代に必要な仕事を持って生まれ出るようになっている、特殊任務の部隊の一員のようなモンでしょうネ」と私。倭姫が静かに私の話を聞いている。

「ところで、２０００年以上前の倭建命の人生よりもっと前、今から３３３０年より少し前にも人生がありました。いわゆる神武天皇の時代だったのですが、私は神武のすぐ上の兄でした。年の差は24才もあって、私から見ると神武は我が子のように見えるんですがね」と私。

「エ〜、そんな前のことも覚えてるの」と倭姫。

「名は御毛入野命《みけいりぬのみこと》と言いました。今の宮崎県、高千穂神社があるあたり、そこで天皇家の一員として生まれました」と私。神武天皇は大和朝廷を創立した初代天皇ですが、奈良に入る以前は宮崎県の狭野に生まれました。それで「狭野奇日命《さぬのくしひのみこと》」と言います。と私は続けた。

「当時、朝廷は宮崎（＝日向《ひゅうが》）にあって、狭野皇子《さぬのおおじ》の父親は記紀に書かれている初屋草葺合須命《うがやふきあえずのみこと》ではなく、真幸五瀬命《まさちいつせのみこと》です。当時の私の父天皇です」と私は倭姫に言った。記紀では天皇家が神武天皇から始まっているように書かれているがこれは完全に誤記である。

「そういうことですか～」と倭姫が感心して私の話を聞いている。その時、部屋いっぱいに何かが焦げる匂いが広がった。

「火事だ」と思った。どこに火がついたのか部屋中を探った。ところが匂いはするが火元を発見できない。

「あにじゃ～。あにじゃではないか。そんなところで何してるか」と声が聞こえた。

「神武か～」と私。

「それは後の呼び方、幼名でいいよ～」と声が言う。

「ワカか～」と私。神武天皇という呼称は彼が神界に入った後、後世の人がつけた天皇の名である。彼が生きていた時代は「佐野の皇子《さぬおおじ》」がその名であるが、私は彼を終生「若《わか》」と呼んでいたらしいのである。

「あにじゃ、まだ人間やってたのか。どうしてこんなところに居る？」と佐野皇子は言う。

「うん、この娘がな」といって私は由美の話をした。

「それで、ここへは２００６年の６月に引越しして来ていて、その前は埼玉県の狭山市に住んでいたんだ。その時はノストラダムスの預言書を研究してたんだ」と私は言った。

「この前、橿原《かしはら》神宮に来てたな〜」と皇子。

「うん、あの時は狭山市の自宅から京都に出て、そこで電車を乗り換えて行った」と私。

「お参りしてたら、火火出見がな、ワザワザ来るに及ばずって言ったから、びっくりしたよ。それだったら狭山の自宅を出る前に言ってくれよと言いたい」と私は続けた。

「あん時はな〜。酒井正子がいっぱい人を連れてきたんで、その中にあにじゃが居たのを気づかなかったんだ〜。カンベン」と皇子が言う。

「あ〜、そういうことなら仕方ないね〜、それにしても橿原神宮はいつもあんなに混み合ってるのか〜」と私。

「そうなんだよ。ものすごく忙しい。それが朝から晩まで人が絶えないんだよな〜」と神武が言う。神武天皇と呼ばれる前、彼が奈良に入ってから人々は、「神大和威余彦火火出見命《かんやまといあれひこほほでみのみこと》」と言うようになった。この名は天皇を継いだ時の名である。その名の通り、神武天皇の魂は火火出見命の御魂分けなのである。それで私は時々、神武のことを「火火出見」と呼んでしまうことがある。これは少々誤解を生んでしまう。というのも、火火出見命という神は神武の大元、親神として永遠に存在している。人として輪廻転生している魂は火火出見命の御魂分けの部分である。そこでここでは「ワカ〜」と呼ぶ方がふさわしいということになる。

「だいぶ前の話になるけれども、酒井正子さんの案内で和歌山市の竈山《かまやま》神社を参拝したことがある。神社の裏側に墓があって、そこは武豊幸五瀬之命《たけとよさちいつせのみこと》が祀られているところ。そこを参拝した時、墓の両側にある大木がゆさゆさ揺れて、青葉が風に舞った。参拝していた客たちがみんなびっくりしててな〜。みんな足がすくんじゃって動けなくなっちゃったよ〜」と私はワカに言った。

「うん、その話って知ってる。兄上から聞いたよ。御毛入野命が来てくれたんで、とっても嬉しかったと言ってた」とワカ。

武豊幸五瀬之命《たけとよさちいつせのみこと》は御毛入野命《みけいりぬのみこと》（私）の長兄で真幸五瀬命《まさちいつせ》（天皇）の長男。真幸五瀬命が亡くなってから天皇を継いだ人である。ワカが宮崎を出発して奈良に向かった時の天皇は武豊幸五瀬之命であった。この天皇のすぐ下に弟がいて、名を稲氷命《いなひのみこと》という。御毛入野命のすぐ上の兄である。

武豊幸五瀬之命は奈良に入る前、和歌山の山中で朝敵の放った矢に傷つき、それが元で亡くなった。戦中だったのでその死は極秘とし、後にワカが奈良に入った後で大葬の礼を行ない、現在地に葬られた。

酒井正子さんの自宅とJR和歌山駅への道沿いにその神社があり、酒井さんがその前を通るたびに「気持ちが悪くなって寒気がする」と常々言っていたので、私がお参りすることになった。

参拝した後日、酒井さんから電話があって「あの神社の前を通ると清々しくなった」と言ってきた。

部屋の焦げくささがいつの間にか無くなっていた。部屋がものすごく熱い。私はエアコンのスイッチを切った。それでもしばらく部屋の気温が下がらないので庭のガラス戸を開けっぱなしにした。

「この本、みんなあにじゃが書いたものか」とワカがいう。

「そう、今は作家になっちゃってるんだ」と私。

「読んでいいか」とワカ。

「どうぞ」と私は言って、本棚から私の本を取り出し、机の上に並べた。その本棚の上に一枚の板を置いてあって、その板は神棚になっている。コップに水をいっぱい満たしてそれを神棚に供えた。

「どうぞ」と言って合掌する。

開け放したガラス戸の外、庭に太陽の光がいっぱい照っていた。外に出てみることにした。芝草はまだ黄ばんでいなかった。庭に出て外の空気をいっぱい吸い込んだ。

やがて、ワカが私の本を読み終ったようだ。速読のわざだ。

「あにじゃはいつも人のやりたがらないような仕事をやるな〜。コツコツと仕事して、いつの間にか、専問家の域を越えてしまうんだよな〜。昔からちっとも変らんな〜」とワカが言う。

「今日は、せっかくワカが来たから、何かご馳走するぞ」と私は言って夕食の準備にとりかかった。

六ノ二　神武天皇

神倭姫命と輪廻転生の話をしている間にいつのまにか３４００年ほど前の時代に溯ってしまった。記紀では現代の天皇家の祖は神武天皇ということになっている。伊勢神宮の創建者、神倭姫命に「あなたの信じている皇統は違いますよ」と言っているようなものである。

狭野《さぬ》の皇子《おおじ》が神武天皇に即位する前にも天皇がいて、その方は狭野の皇子の一番上の兄、武豊幸五瀬之命であったこと。さらにその前の天皇は狭野の皇子の父上であったと私は言ったのである。しかも武豊幸五瀬之命は和歌山市にある竈山神社にその墓があると証言した。

こうした、神武天皇とその家族に関しての情報は荒深道斎著『神武太平記』に詳しく書かれているがこの著書は道臣命《みちのおみのみこと》が荒深道斎氏に憑依して書かせた本である。荒深道斎氏の御魂は道臣命の分け御魂で、その道臣命は天の児屋根命《こやねのみこと》の御魂分けである。

天之児屋根命　↓　道臣命　↓　荒深道斎
大国御魂神　↓　セス　↓　ジェーン・ロバーツ
ロバート・バッツ

左図の参考文献は『神武太平記』

(母) 奇浪岩瀬姫《くしなみいわせひめ》

武豊幸五瀬之命《たけとよさちいつせのみこと》 (神武の前の天皇) ㊴

稲氷命《いなひのみこと》 ㊶

御毛入野命《みけいりぬのみこと》 ㊹

(父) 真幸五瀬命《まさちいつせのみこと》 (128才、天皇在位80年)

狭野奇日命 (後の神武天皇) (98)

(母) 奇日白妙姫《くしひしろたえのひめ》

(道臣之命の姉) 道臣之命は真幸五瀬命天皇の内大臣

第6-1図

前の天皇

↓

真幸五瀬命（神武天皇の父）

↓

武豊幸五瀬之命

↓

神武天皇
（大和朝庭初代）

『セスは語る』という本が出来た時と同じ憑依現象によって作られた本、それが『神武太平記』である。従ってその内容は本物である。大国御魂神は大国主命の分神。天之児屋根命は天照皇大御神の分神である。その天之児屋根命は天孫降臨の時にニニギの命の護衛として降りてきた神である。

春日大社の祭神でもあるが、熊本の幣立《へいたて》神宮の祭神でもある。

荒深道斎に憑依した道臣命は神武天皇から見ると叔父にあたる。道臣命のお姉さんが神武の母だからである。父親の真幸五瀬命（当時の天皇）が98才の時に生まれたのが神武である。こう書くと「うっそー」と大声で反論されるかも知れない。しかしこの当時、五百才、六百才という古老が全国にたくさん居た。今は男性では80才が平均寿命であるが、古代の人々は大変長生きであった。

倭姫の父上、垂仁天皇は１３９才まで生き、倭姫自身も１００才を超えて生きている。その倭姫に、

「何才まで生きましたか」と尋ねると、

「女性に歳を聞くのは失礼よ」と言って年数は示さない。ただし、200才までは生きなかったとは言う。

ここで話を元に戻す。道臣命のことである。この命は真幸五瀬命（神武の父）の内大臣であった。この当時、内大臣というと現在の内閣総理大臣である。その位のままに、奈良に神武と共に入り、後、子をもうけている。その時に、道臣命は100才を超えていた。魂がまだ細分化されていない時代では、魂が持っているエネルギー、つまり魂の生命力が非常に強かった時代においては人々は皆長生だったのである。従って100才を超えてなお、子供を作るということは当時としては多くあったのである。生命力が強かったのと同様、霊力も秀れていて、神々と直に話しをして政治ということを行なっていた。電話もない、テレビもない、ラジオもない、そんな古代で朝廷はどのようにして全国の情報を知っていたかと言うと、神々に聞いて知っていたのである。

神武も大変霊力が強くて、神々と相談しながら政治を正しく行なっていた。神武の上の二人の兄は内大臣として神武の補佐役をしていた。神武の能力(霊力)を高く認めていたからである。又、その二人の兄たちは父天皇の真幸五瀬の命から長兄の次の天皇は神武とすることを決められていたのだった。

その神武天皇の霊力は守護神たる火火出見命から来ている。火の神三兄弟は火明り、火須勢利、火火出見であるが、その三兄弟に守られていたことは想像に難《かた》くない。

火火出見命は千年ごとに天皇を勤めることが神々のルールになっている。神武天皇の御魂は火火出見の命の御魂分けであるが、神武天皇が次の天皇として生まれたのが第10代崇神《すじん》天皇である。この天皇は119才まで生きたと言われているが、倭姫から見るとこの天皇がおじい様にあたる。火火出見命の天皇はその次に第56代清和天皇として輪廻し、さらに明治天皇が最近の天皇として輪廻している。つまり神武天皇はその後三人の天皇をしていて、まだ輪廻転生中である。

明治天皇は東京の明治神宮と北海道の北海道神宮に祀られているが、未だに神にまでは至っていなくて、そこの二社の神宮は火火出見が祭神としての仕事をしている。明治天皇の御魂はその火火出見の命のもとで神業を修業中である。

神武天皇を祀っている神社は全国的に非常に多いのであるが、そこも火火出見の命が祭神としての仕事をしていて、神武天皇＝明治天皇は火火出見の命の下での仕事ということになる。

昨年の11月中旬、宮崎で久びさの休暇を楽しんだ。少々ぜいたくをして大ホテルに宿泊、羽を伸ばした。時間がとれたので佐野神社へと由美を案内した。狭野神社は西諸県郡高原町狭野にある、神武天皇を祀っている神社である。高速道路で高原インターチェンジを下りて10数分のところにその神社はある。私は2001年に最初にこの神社を参拝しているので二度目の参拝であるが、由美は初めてだった。

型どおりの参拝を済ませて鳥居を出た。すると後から誰か追いかけてきたような気を感じた。

「あにじゃ〜、ありがとう」と言う。ワカだった。

「日本中、アチコチの神社に祀られて、すごく忙しいだろうに、こんな所まで来なくてもよいではないか」と私。

「あにじゃが、遠路わざわざ来てくれているのに知らん顔はしてられないよ〜」とワカ。

「分かった分かった。こちらこそ有りがとうございます」と私。

「これから皇子《おおじ》原公園にも行ってみようと思ってるところだ」と続けた。

「御一行の方々は友人か」とワカ。

「うん、北九州市と山口県の読者で、今年の夏から勉強会に来てくれている人達なんだ」

「何の勉強会か」

「うん、古事記、日本書紀をベースにして神々の話をしているんだけど、今ちょうど神武天皇のところに差しかかってるんだ。神武は実在した天皇でネ、この狭野で生まれたと話したら、みんなびっくりしてネ。ほんとにそうなら、ここの神社に案内してくれって言うんで、連れて来たところなんだよ」と私。

「そうだったんだ、今日も勉強会の一環だったんだネ〜。みんな来てくれて嬉しい」とワカが感激している。

一同車に乗り込んで佐野神社のすぐ近くにある皇子原《おおじばる》公園に向かった。

「ここが神武が生まれたところ」とみんなに説明して歩いた。一同はその近くで解散し私と由美とは宿泊先の宮崎市内にあるホテルへと向かった。時間がたっぷりあった。宮崎神宮を参拝することにした。由美はその神社も初めてということであった。

カーナビに宮崎神宮を入力し、走り出すと、後の席に誰か居る気配を感じた。声をかけるとワカだった。

「あにじゃ、いい車に乗ってるな～」と言う。

「うん、乗り心地はどう」と私。

「ずいぶん静かな車だな～」とワカ。

「うん、半分電気モーターで走る。加速する時だけがガソリンを少し使う。こいつはガソリン代が安くてネ～。家を出るとき満タンにしとくと宮崎とわが家を往復できるんだ」と私。車が高速に入った頃、後の気配が消えた。忙しいからどこかの神社に戻ったのだろうと思った。

宮崎インターを下りて市内の中心街へと走り、やがて宮崎神宮の駐車場に車を止めた。境内に入ってびっくり。いましがたまで境内は大雨が降っていたようで木々の葉からは雨の雫がポタリ、ポタリと落ちてくる。道はアチコチ水たまりができている。足下を確かめながら本殿へと向かった。七五三のお祝いで神社には子供づれの参拝客が多い。やがて本殿が見えた。

「伊勢神宮とまったく同じ建築様式で神明造り」と私は由美に言った。

「ほんと、びっくりした～。感激だわ」と由美が言う。

一通り、型どおりの参拝をして、ゆっくりと車に戻った。あとはホテルへ帰るだけだ。

車に乗り込むと、後にまた誰か乗っている。

「ワカか」と私。

「うん」と返事がある。

「さっき高原インターの附近で車から出ただろ。先廻りして待ってたんだネ」と私。

「うん、掃除しといた」とワカ。

「え～、掃除？　雨のことかあ」

「うん、それ」

「すごいな～、境内だけ雨を降らせることができるのか～」

「うん出来る」

「すごい霊力だよな～、あい変らずだな～」。「ところで今日はもう、神社の仕事しないのか。参拝客が多いんだけど」

「うん、いいんだ、今日は他の神様に任せてあるし、あにじゃと一緒にいたい」

「そうか、ホテルにな、今日は、しなつひこの神や倭姫、それから大国主命様やいざな気・いざな実の神様たちが来てくつろいでいるから、一緒に食事しよう」と私は言った。

やがて、ホテルの三角形のタワーが見えるところまで来た。

「あそこの46階にロイヤル・スイートルームがあるんだけど神様たちはそこに集まっているよ。私と由美とは22階の一般の部屋に泊まってるんだけど、ワカは一足先に神様たちの部屋に入っててよ」と私はワカに言った。

「うん、そうする。先に行って待ってるよ」とワカは言って消えた。

六ノ三　神話の古里

九州は至る所神話で彩られている。まさに神話の古里である。その神話にもとづいて神社が非常にたくさんある。それ自体は良いことである。各神社にはその地域に伝わる神話に登場する神々が祀られていて、人々が神とその名を忘れないようになっている。従って神を祀る、そのことは非常に良いことである。

高原《たかはら》町の皇子原《おおじばる》公園とその周辺に立つと霧島連山が一望できる。全部火山だ。神武がその高原町で生まれ、育っている間、いつも霧島連山と向き合っていたに違いない。昨年11月にそこを訪れた時は火山灰も火山岩も降ってこなかった。しかし、霧島連山の一つ新燃岳は今も活動中で火山注意報が出っぱなしである。そんな中、よくもまあｌ高速道路で走れたものだと今日になって感心する。

火の神様が少し休んでくれたからかも知れないと今頃になって思う。その神様はきっと火火出見の命に違いない。火山灰をかぶった木々を雨で洗い流してくれた。それは宮崎神宮の境内だけの出来事であったが。

御配慮かたじけなし、有がたきことである。

九州は活動中の火山が多く、人々はいつも災害と隣り合わせで生活を送っている。

皇子原公園の駐車場の一角に大きな看板があり、霧島連山の絵が書かれ、一つ一つの火山の名が書かれている。その内の一つが新燃岳で公園側から見えている山だと分かる。現在見えている霧島連山の姿は神武の幼き頃見た山々とは違っていただろうと思う。その看板には数千年前、数万年前の連山の火山活動が書かれている。この火山群は非常に若い山々である。

天孫降臨の頃はまだ霧島連山は無かったと考えられる。そこはまだ海で、島々が多くあった。東北の松島湾を思い浮かべればよい。島々はいつも霧が発生しそこに見え隠れしていたであろう。昔、鹿児島県は霧に浮かぶ島だったのである。

地質学者は現在の日本列島の姿が、ほぼ一万年前に出来たことを認めている。熊本の阿蘇山は世界一の火口の大きさを持っている。天之岩戸神社（宮崎県）の宮司が言うように三万年前熊本県は海だった。

大分県の別府湾は海底火山の火口でその周囲にある町々は火口内の斜面に立っている。

天孫降臨の時、にに気の命が降り立った山は奇古峯《くしふるたけ》の二上峯《ふたかみたけ》で北と南に一つずつ峯《みね》を持っていたと古文にある。それに該当する二つの山は祖母山と古祖母山でこの二つの峯は宮崎県と大分県との県境になっている。古祖母山の南方、直線距離にして約6キロほどの谷に天之岩戸神社があり、そこから南西方向ほぼ4キロ位の山の上に高千穂神社がある。

高千穂神社の主祭神は天孫にに気の命と火火出見命他である。

「てんそん」とは何のことかと人に聞かれた事があった。

「天照皇大御神の孫のことで天と孫という上と下の二字をくっつけて略号としてある」と説明したら、その人は納得してくれた。天孫を知らずとも天照皇大御神のことだけは知っていてくれてホッと胸をなでおろしたものである。

神界から大地に降り立ったににぎの命はまだ人の形になっていなかった。光の玉のまま80万年輝き続けていた。その地はほぼ現在の高千穂町である。

「南峯に下りて、その南斜面を下って平地に居を構えた」と古文にある。そこに該当するところは高千穂町なのである。だから、その町に高千穂神社があって、そこに天孫ににぎの命が祀られているが、それは極く自然のことに思える。ただし、今、ににぎの命は遠い神界に戻っていてその神社には居ない。従って主祭している神は「火火出見命」ということになる。

高千穂神社には火火出見命の他に御毛入野神がその家族と共に祀られているが、御毛入野は現代に転生中であるからまだ神になっていない。要するに高千穂神社は実質的に火火出見命が預かっている神社ということになる。宮崎神宮もまた同様である。

九州は活動中の火山が多いと書いたが、火の神があちこちの神社に祀られていることと何かしら関係がありそうである。神武天皇の御魂が火火出見命であることも、又、彼が育った地が宮崎県であったこともそのことに関係しているのだろうと思う。

ところで高千穂神社は第11代垂仁天皇の時代に創建されている。倭姫の時代でもある。つまり、この神社は伊勢神宮が創られた時代と同時代に建てられているのである。その倭姫のおじい様、第10代崇神天皇は神武天皇の転生した姿である。火火出見命は倭姫を孫のように見ていたということにもなる。昔の人は神々と直結して様々な施策を行なっていたので垂仁天皇が父君の御魂の大元の神、火火出見命のことを意識していて、高千穂神社を創建し、そこに火火出見命を祀ったのはごく自然のことであったことは想像に難くない。

この高千穂神社のほぼ西、熊本県側に幣立神宮がある。ここの主祭神は天孫ににぎの命の護衛官たる天之児屋根の命である。

ににぎの命が高千穂町あたりに居を構えた頃、その西方の守りとして天之児屋根の命が幣立の地に鎮座したと考えるのが極く自然である。

高千穂神社あたりを中心として、その周囲東西南北に点在している神社はもともと、ある目的を持って作られたと私は考える。これは一つの都市計画的視点である。つまり高千穂町周辺の神社はそれぞれが独立して存在しているのではない。

皇居が神武と共に奈良に移った後、それ以前の皇居、つまり真幸五瀬天皇の皇居のことが忘れられている。これは大問題の一つと言わざるを得ない。

高千穂町は正式には宮崎県西臼杵《うすきぬ》郡高千穂町という。その西隣りは五ヶ瀬町という。正式には西臼杵郡五ヶ瀬町という。その五ヶ瀬町の西は熊本県で幣立神宮がある大野町である。仮に熊本県側から高千穂神社に行こうとすると、高速は御船インターで下りて、国道218号線に入る。熊本県を横断してまさに宮崎県へ入ろうとする直前、幣立神宮が現れる。

その前を通って218号線をさらに上っていくとすぐに宮崎県に入る。そこが五ヶ瀬町で、町役場を過ぎるとすぐに高千穂町になり高千穂神社前に至る。さらに東へ車を走らせると、天之岩戸神社前に出る。このような各社の位置づけがあり、三社は全部、国道218号線上にある。この道路は大平洋と東シナ海を結ぶ陸上の大変重要な道路なのである。

五ヶ瀬町はこの218号線の峠に位置する町である。真幸五瀬天皇はそこにお住いであった。五ヶ瀬町とその周辺はその昔、皇居があった所なのである。

幣立神宮は、皇居に入る西の門で砦なのである。砦ではあるが、実際の人（宮司）と共に神様が守っているので（天の児屋根の命）神社の形を持っているのである。

六ノ四　天之児屋根の命

ずいぶん前のことなので正確な年を忘れてしまったが、まだ埼玉県に住んでいた頃、大阪で古神道についての勉強会が企画されていてその講師を引き受けたことがあった。

主催者は関西日本サイ科学会で、この会は毎月第三土曜日が研修日と決まっていた。帰りはどうしても翌日の日曜日になってしまう。この企画を予め知った私の読者たちが、その日曜日に春日大社に参拝しに行かないかと連絡してきた。

古神道の勉強会といっても、私の場合、ベースが荒深古神道であり、道臣命の魂が天之児屋根の命という関係であったから、勉強会の翌日に春日大社の祭神たる天之児屋根の命に会いに行こうというまことに時宜にかなった企画であった。おもしろいと思ったので参加することにした。

学会の勉強会が終って、春日大社参拝グループと明日の集まり場所や時間の打ち合わせに入った。

「わざわざ来るに及ばず！」と力強い男の声が頭上にひびいた。とても大きな声で聞こえているのだが、他の人には聞こえていないようで、周囲の人々は依然として時刻表等で打ち合わせを続けていた。

天の児屋根の命様がサイ科学会の勉強会に立ち合っていたのである。神様の方からわざわざ来てくれたので、明日は春日大社に「わざわざ来るに及ばず」となったのである。私は集まっていたみんなに、

「明日は中止しよう」と申し出た。

「どうしてなんですか、ずっと前から楽しみにしていたのに」と会員の一人が言った。

「神様がね、わざわざ来るに及ばず、と言ってるんで、中止しましょう」と私。何のことか分からないようでみんなキョトンとしている。そこでもう一度同じことを言った。しばらくしてよう

やくしぶしぶながら同意してくれた。

神様がわざわざ私の講演会に来てくれていたとは本当に驚きである。感謝感激。

その時から十年もたっていただろうか。２０１０年の11月29日（月）の昼過ぎ、自宅の部屋の中がものすごく熱くなった。暖房を消して、外の空気を入れた。ところが外は寒過ぎてすぐにガラス戸を閉めた。するとまたすぐに熱くなる。ダルマストーブが部屋の真ん中に入り込んで来たようなもんである。

ひょっとして、どなたか神様が来ているのかもと思って、

「どなた様でしょうか」と声をかけてみた。

「天之児屋根の命」と言う。

「おひさしぶりで〜」と私。続けて、

「この前、幣立神宮に参拝して来ました。北九州市に引越してきたので幣立神宮に由美を案内して行ったんです」と。

「うん、知ってる」と神。それで私がこのアパートに居ることを知っていたらしい。

「今日は何か御用事でしょうか」と私。

「うん、宮司のことなんだが、左胸のリンパが腫れてきて、少し苦しそうなんで、ヒーリングで治してほしい」と言う。

「急がないとならないのでしょうか」と尋ねてみた。

「明日、頼みたいんだが」と言う。

「え〜、明日ですか。どうかな〜、由美の体調のこともあるし」としぶる私。由美の体調を本人に確かめると、車なんだから一緒に行けると言う。

「わかりました、何とかしましょう」と私。ところが宮司にその件で連絡しようにも電話番号が分からない。そのとき思い出した。宮司は明窓出版から本を出している。『青年地球誕生――いま蘇る幣立神宮――』という題名である。たまたま、本棚にあった。それで調べてみたが、住所は書いてあるものの電話番号は書いてない。さて、どうしようかと考えていると、明窓出版の編集長の顔が目に映った。すかさず編集長に電話をした。これこれと理由を言って、電話番号を教えてもらった。宮司に電話をすると、これまたすぐに宮司が電話口に出られた。

「池田邦吉です。明日ヒーリングに行きますが時間とれますか」と私。

「誰に頼まれたのか」と宮司。

「おたくの神様からです」と私。

「分かった、それなら午後2時に本殿で待っている。参拝客が多いので、日中はなかなか本殿から出られないんだ」と宮司の返事である。

２０１０年11月30日（火）午前8時30分、我が家を出発。目的地まで２２０キロであるが大部分は九州自動車道（高速）を使うので幣立には大変行き易い。

地図の上だけで見ると北九州市から幣立まで大分県経由の方が近道に見える。ところが高速がまだ通っていない。計画道路である。平道（通常）で大分県経由だと時間がかかりすぎる。そのため、北九州市の自宅を出るとすぐ高速に入るのであるが、この高速は福岡県を東から西へ横断することになる。つまり、熊本県入りするのにはいったん佐賀県に入ることになる。

8時半に家を出て、御船インターで高速を下り、12時前には幣立神宮に到着した。3時間と少しの時間を要したことになる。約束の時間にはまだ充分に時間があり、昼食の時間でもあったので幣立神宮の前でUターンして少し戻った。そば屋があったので。食事をしている間に運転の疲れがとれて、ヒーリングしやすい体調になった。

頃合いを見はからって再び神宮へ。今度は狭い山道を車で登る。正式には階段を登らなくてはならない所、由美には登るのが無理だ。脇道（農道）を使って尾根《おね》に出る。こうすると尾根伝いに、ほぼ水平に歩いて本殿に出ることができる。

到着すると本殿内に参拝客がたくさん居て宮司がその方々と何やらお話をしている。参拝客が出てくるまで外で待つことにした。しばらくしてゾロゾロと人々が外に出てきた。最後に宮司が縁側に出てきて、私の目と宮司の目が合った。

「うん、こちらへ」と宮司。

「本殿の中でヒーリングですか」と私。そこは板の間なのでヒーリングしにくいのである。

「うん、神様の目の前でやってくれ」と宮司。座布団を並べてベッド替りにするつもりらしく、本殿の中を、どこに並べようかと動き始めた。

「ところで、池田さんにヒーリングを依頼した神様は誰かね。ここはたくさん神様を祀ってるところなんでネ」と宮司。

「天之児屋根の命様です」と私。

「ほう、そうか」と言って、宮司は座布団を持ったまま神棚に向かって立った。

「そうだ、真ん中は神様が通るところなので左側にしよう」と言って本殿左側に座ぶとんを三枚並べた。足を神様に向けてはならじと頭の位置を自分で決めた。

日本家屋ではタタミの部屋が多い。当然のことながらヒーリングベッドを使わず、タタミの上でヒーリングをすることが非常に多くある。

チャクラヒーリングをするのに私はひざを板の間についていてしなくてはならない体勢である。持参したバーバラ・ブレナン博士の『光の手』第22章を用いてヒーリングの説明をしようとしたが、「分かってるからいいよ。任せるよ」と宮司が言って横になった。ヒーリングを開始すると、宮司は時々、頭を起こして、私の手の位置を確認している。

「うんうん」とうなづいている。どうやら前にも、こうしたヒーリングを受けたことがあるようだ。

ヒーリング行程の中ほどになると宮司は眠ってしまった。25分ほどでヒーリングを終了したが、なかなか起き上がって目を覚まさないので宮司の体を少しゆすって、

「終りました」と私は言った。目をゆっくり開いて、宮司は体を起こした。立ち上がって神棚に合掌している。

「これにて失礼します」と言って私と由美が立ち上がった。神棚に向けていた顔をくるっと私の方に向けて、ニコッとしている。その顔はヒーリングを始める前のけわしい表情とは打って変わって、おだやかで優しさにあふれていた。私と由美はまた車中の人となり帰路を急いだ。

翌日の午後、部屋の気温が急に熱くなった。今度はすぐ天之児屋根の命様が来たと分かった。

「くによし〜。ありがとうありがとう」と神様が言う。そんなに神様に感謝されたことは今までに無かった。私もすごく嬉しくなってきた。

「治ったよ〜、ありがとう。くによしのヒーリングパワーはほんとに素晴らしいよ。見てたぞ」と神。

「きのうの夜、ヒーリングチームの神々が宮司のヒーリングに行って、それで良くなったんで、私のヒーリングで治ったわけではないですよネ」と私。

「それはそうなんだけど、くによしのヒーリングパワー、お前のエネルギーがいっぱい入っていて、それを神様たちが使ってるわけだから、お前が必要だったんだよ〜」と命様が言う。神様が

ものすごく感激しているのがよく分かった。

「ところで、本棚に荒深道斎の本がいっぱいあるネ〜」と命様が言う。本棚に立てかけてあった荒深氏の本を全部取り出して、机の上に一冊ずつ分かるように並べた。

「昔、道臣命から報告があって、本を書かせたことは聞いていたが、こんなに多いとは知らなかった。読んでもいいいか」と命様。

「どうぞ」と私。

「くによしは、よ〜勉強しとるな〜」と命様が言う。私が数年を費して読んできた本を神様はほんの少しの時間で読了してしまった。たいへんな速読である。

夕方になったのでおみきを一杯お供えして合掌。その後、命様はヒーリングチームの神々と様々なお話をしているらしかった。

さて、幣立神宮は様々な神様を祀っている。中心に天之児屋根の命様、しなつひこの神、みつはの女神様、八大龍王、天照皇大御神他である。我が家のヒーリングチームというのはこの神々のことであるが、他に数音彦命、神倭姫命、宗像三姫、ドクターやイエス他がいる。患者の病にあわせて、その治療の得意分野の神々が必要に応じてチーム編成して対応するのである。

六ノ五　人は神の共同創造者

神々は皆、それぞれ大変個性的である。しかも多才だ。人の場合も、同じ親から生まれてくる兄弟、姉妹たちであっても、魂の源が異なる場合、まるっきり性格が違う。しかも人生を通じて仕事も違ってくる。それは仕方ないことだ。逆に兄弟姉妹がまるで金太郎飴のように同じだったら社会は発展も何もないということになるし、第一、面白くも何ともない。

60億の人間は60億通りの顔と性格があり、全部仕事が違う。これはもともと、神もそのようになっているからである。

同一の神の御魂分けの人だけで構成されている一家であっても、親子全員が性格が異なる。神はそれ以上に多くの性格を持っているからである。

11面観音は、一人の神がさまざまな顔を持っていることを表わしているが、同時に、性格もまるっきり違う面を持っているのである。それは神が永遠に発展することを示している。この意味において神にも完成はない。従って完全もない。神の存在を反映している人間社会が完全でないのは当然ということになる。

神は永遠に創造し続け、止むことがない。人は何かを創造できなくなった時、その人生を終る。そして元の神のところに帰り、次の人生の計画を練る。そこでもし、次に人と化す必要が無いと知った時には神になることを目ざして、霊界、神界で修業することになる。この意味において、人は神になろうとしている存在である。このことはセスの本に詳しく書かれている。

そのセスは「人は神の共同創造者である」と語っている。まさにその通りだと実感できる。実感出来るようになってきたと言った方が正確かもしれない。

人は神界を出て人間界に入る時、自分の意志だけでそのことを決めることは出来ない。神の許可がいる。その神は出雲の大国主命である。許可をいただくためには次の人生における「人生計画」を提出しなくてはならない。大国主命はそれを読んでから許可をするのであるが、何かしら不充分な点があると許可されない場合がある。

私の場合、建築家になって後、ノストラダムスの預言書を解読するというのが許可条件であった。ところが、

「くによし〜。お前はその後の人生計画が無かったぞ〜」と大国主命が私に言った。

「これからどうするんだ」と大国主命様。

「あ〜、そういうことですか、今、ヒーリングということを勉強してるんですが、これって世の中にすごく役立ちそうなんでこれを仕事とするということでいいでしょうか」と私。

「それは良い。しかしまねごとはいかんぞ、本格的にやれよ」と八大龍王が言った。それにつけても幸いな事にノストラダムスという名医が横にいてくれたんで非常に助かった。

大国主命様に言って延命をもらったようなもんである。八大龍王もヒーリングは出来るが、専問家ではなかった。そのため八大龍王がヒーリングが天才的にうまい創造主を私に紹介してくれたところである。

先にも書いたように八大龍王は仏教の守護神でその道の専問家であるが、大作家という一面も持っている。神は実に多才である。

「スペース・オディッセイ」という本がある。これは八大龍王がオスカー・マゴッチを指揮して作らせた本であるが、日本では現在、明窓出版から『宇宙船操縦記』として出版されている。こういう希有《けう》壮大なストーリーを展開するのが大好きな神でもある。そうかと思うと田原澄を指導して『洗心』の教えを広めようともした。

私が本をたくさん書いているのも大いに八大龍王の影響と考えられるところである。

神社仏閣を多く巡るにつけ、その建築の様式美にいつも驚かされ感激するのであるが、八大龍王は建築家でもあったかも知れない。私の指導神を勤めていた頃、そのことを聞いておくことを忘れたが、今ではそれすら、どうでもいいと思えるようになった。

さて、人間として生まれてくるのは神の許可が必要と書いた。ということは、滅多に人と化すことは出来ないのだから今の人生を一生懸命生きることが大切である。一所懸命と書くところだが、あえて一所にしなかった。一所にとどまって同じ土地で一生を送らなくてもよいからである。

どこに住もうとその人の自由だ。

「池田さんのその自由な生き方がいいな〜。素晴らしい」と言ってるのは宮司の御魂である。彼は私に電話してきた事は一度もなくハガキ一枚くれたことがない。その宮司をヒーリングする直前、本殿内だったので、

「かしこみ〜。かしこみ、まおす〜。これより宮司のヒーリングを行います。天と地にましますす我らの守護神様へ、よろしく導き給え〜」と祝詞を奏上した。テノールの大きな声でやった。予定していなかった祝詞だったので由美がびっくり仰天していた。とっさにやってしまったのである。

「ああ、そういうことか」と言ったのは宮司であった。私、今生では宮司をしたことないし、祝詞の奏上など勉強していないのであるが、前世は宮司だったから、祝詞は自然に出てくるのである。

驚いたのは天之児屋根の命様であった。「くによしは宮司なのか〜」と。

何をしても一生懸命生きていると、必ず神様が手伝ってくれるものなのである。神が存在してないと思うから、人生はうまくいかなくなるのである。神が存在してないと思う人というのは「自分の魂が存在してない」と思うのと同じ事である。そんなことだから魂があきれかえって、その人のところから去ってしまうのである。すると、病気になったり事故に遭って死をむかえることになる。あるいは自殺する人もいる。死とはそのようなものである。

今生が面白くないからといって自分の境遇を嘆くのは間違いである。その家で生まれ、その地

に生きることを予め神に約束して人間になっているのである。人生計画は御自身が書いているものなのだ。他人が与えた計画は何一つないと言える。

嘆くひまがあったら、今より、もっと良く生きていくにはどうすればいいかと考えたらよい。何ごともプラス思考で生きるとうまくいくものである。マイナス思考はマイナスを生み出していくだけだ。

神と出会うにはどうすればいいか。「洗心」するといい。

洗心すると、波動が高くなる。波動の低い人には神が近づけない。病気になっている人というのは波動が低い。

「洗心したいのですが、何か薬ありますか」と私に言ってきた人がいた。その人何にもワカッテない。洗心は心、意識の問題である。マイナスの心情を止めること。何ごとも感謝して生きる心のことである。

「洗心するのに何かワークがないでしょうか」と言ってきた人がいた。

「私は洗心のワークショップはいたしません」と答えた。

今生きていることに感謝する心、それが洗心のことなのである。

神様が見てるぞー

end

おわりに

本稿を書いている間に、誕生日が来て65才になった。前期後齢者の仲間入りである。北九州市は全住民の25%が高齢者になっているという。我が家の隣り近所も老人ばかりでまるで老人村だ。

人のこの世に生れ出でたるは、全て天津御親のつくり固めの大法事《おおのりごと》(=大自然の法則)によりて、その分霊《わけひ》の狭霊《さひ》(人の魂のこと)を底の世もに降して(=地球に下して)よもつ御親によりてこの現世に現はし、現世にて凡ての事業《ことわざ》を習ひ悟らしめ、後には次々の幽世を経て上りつつ、大霊(神のこと)に化して、次に出ずる新世を作らす神業《かみわざ》に任せます大御親の大御心なり。

右の文は荒深道斎著『神之道初学』の冒頭の一節である。含蓄の多い文である。

現代人は何のために生きているのか分かっていない人が多い。「誰も教えてくれないから」というのは勉強が嫌いだということと一緒だ。この世に存在している人で私に右のことを教えてくれた人はいない。神々が残してある書物で勉強して分かったのである。

「日本は神の国だ」と言って世間から叱られた首相がいたが、彼の言ってることの方が正しい。非難した方が間違っている。私だったら「神様がいるぞ!」と叫ぶ。

ノストラダムスの預言は大部分が「文明の刷新」の話である。それは大自然の力によってなされる。荒深流に書けば「天津御親のつくり固めの大法事によりて新しい世を作らす神業なり」ということになる。

東日本大震災が起った時（２０１１・３・11）、時の大臣が「神様がやった！」と叫んだそうだが実際そうだろう。東北の被災民が「初めてあなたの本を読んでびっくりした」と言ってきた。イタリアでなく、日本で刷新が始まったんですねと言う。大自然による現代文明の崩壊は世界中で起きていることを説明すると、「他人事」と思っていたらしい。被災民になって初めてノストラダムスの預言書の意味が分かったらしい。遅きに失していると言わざるを得ない。私の方は幸い、お陰様でその日は地震の揺れも感じず、何事もなく過ごすことができた。北九州市に来ていて助かった。

その後の政府の対応を見るにつけ、この時の首相が菅直人で良かったと思う。彼は東京工業大学の応用物理学科卒で原子力発電についてよく知っていたからである。

物質文明の行きつく先は、どの星でも共通であり、原子力開発となる。その結果、その文明が自ら開発した技術で崩壊する。自分たちが住んでいる惑星ごと崩壊させてしまうのである。だから、菅直人が原発を止めにかかったのは正解である。人類は自分たちがコントロールできないような代物を作ってしまっている。ノストラダムスの預言書はヨーロッパでの原発崩壊によってそこに人が住めなくなる話が展開されている。ヨーロッパより一足先に日本がそうなりそうな気配ではある。ヨーロッパの原発崩壊は、イタリアのベスビオ火山大爆発と同時進行する大洪水によって起こると預言書に書かれている。日本の場合、東北大震災の形で事態が起こった。

私が東工大の学生だった頃、菅直人も別の学科にいたことは卒業した後で知った。彼は昭和21年秋の生まれで、私は昭和22年の2月生まれなので小学校は同時入学であった。いわば同級生だったのである。菅直人が震災時に首相にいたということは「神の采配」だったと今にして思う。ハトはアメリカのスタンフォード大学卒で、この大学は原子力の研究機関として世界最高の研究をしているが、ハトはいったい何を勉強してきたのだろうか。菅の足を引っぱることしかしなかった。同級生として、情ない男だ。政治家として落第だ。

東北地方の復興計画は「文明の刷新」であるべきである。元へ復するのではない。『あしたの世界シリーズ』で新文明については既に書いた。神の存在を正しく畏れるべきだ。神はいつも人と共にいて、どこで何をしていようと助けるべき者は助ける。神は自分たちの御魂の人々を助けたいといつも思っているのであるが、人間の方が「神も仏もあるものか」と思っているので近づくこともできないでいる。それでこの本を「神様がいるぞ！」とした。

２０１２年2月9日記

池田邦吉

参考文献

『セスは語る』ジェーン・ロバーツ著（ナチュラル・スピリット社）
『神武太平記（上）（下）』荒深道斎（弘報社・FAX03―3502―1355）
『古神道秘訣（上）（下）』荒深道斎（八幡書店）
『日本の神々の事典』学研
『天皇の本』学研
『古事記』島崎晋（日本文芸社）
『光の手（上）（下）』バーバラ・アン・ブレナン（河出書房新社）
『あしたの世界』シリーズ1〜4　池田邦吉（明窓出版）
『光のシャワー』池田邦吉（明窓出版）
『21ノストラダムス』1〜5　池田邦吉（明窓出版）
『宇宙船操縦記』1&2　オスカー・マゴッチ（明窓出版）

神《かみ》さまがいるぞ！

池田《いけだ》邦吉《くによし》

明窓出版

平成二四年七月一日初刷発行
発行者――増本　利博
発行所――明窓出版株式会社
〒一六四―〇〇一二
東京都中野区本町六―二七―一三
電話　(〇三)　三三八〇―八三〇三
FAX　(〇三)　三三八〇―六四二四
振替　〇〇一六〇―一―一九二七六六
印刷所――シナノ印刷株式会社

ISBN4-89634-306-9

ホームページ http://meisou.com

◎ 著者紹介 ◎

池田邦吉（いけだ　くによし）

1947年2月6日、東京都生まれ。

'69年、東京工業大学建築学科卒業。

主要著書

「21 ノストラダムス　NO１、NO２、NO３、NO４、NO５」

「あしたの世界１、２、３、４」「光のシャワー」（明窓出版）

光のシャワー

バーバラ・アン・ブレナン博士に出会って

池田邦吉著

「あしたの世界」の著者でありヒーラーでもある池田邦吉氏が伝える愛のハンドヒーリング法。
病気や不調を治すのに驚くほどの効果を発揮するヒューマンエネルギー、ヒーリングパワーとは？

『人は本来、すばらしい能力を豊かに持って生まれていると私は思う。それは五感を超えた能力のことで、人はそれを超能力とか高能力、あるいは霊能力と呼ぶ。しかしながら超能力をあからさまに使った言動は人々にとって奇異に見えるようであり、場合によっては「精神疾患者」として病院行きを勧められることになる。そこで私は「秘めたる力」として自分の中、心の奥深くにしまい込んできた。つまり普通の人として振る舞ってきた。ところが自分にとって不自然な抑圧は体に変調を生み出してしまう。いつしか私は超能力を普段の生活の中に生かし、毎日を愉しく生きていけないものだろうかと考えるようになった。』（本文から）

第一章　奇　跡／風／サイン会／脳脊髄液減少症が治った／バーバラ・アン・ブレナン博士／接　点／ヘヨアン
第二章　フロリダより／守護霊の如く／背骨のずれが治った／由美の視野が拡がった／鍼治療／散　歩／菊池哲也さんとの出合い／腎臓病が治った
第三章　ヒーリングパワー／三身一体／精神の芽ばえと拡大／たましひ／ヒーラーの手／のラブソング／たましひの声（他一章）

定価1365円

あしたの世界　　船井幸雄／池田邦吉　共著

池田邦吉さんが「ノストラダムスの預言詩に解釈」についての私とのやりとりを、ありのままとめてくれました。私がどのような思考法の持ち主かが、よく分かると思います。ともかくこの本をお読みになって頂きたいのです。（船井幸雄）

第一章　預言書によると／一枚のレポート／大変化の時代へ／新文明の到来／一通のＦＡＸ／芝のオフィスへ／なぜ時間をまちがえるのか／預言書の主役はいつ現われるか／新しい社会システム／預言は存在する／肉体は魂の仮の宿／故関英男博士のこと／統合科学大学講座／創造主のこと／洗心について

第二章　超資本主義／デフレ問題の行方／資本主義の終焉／突然の崩壊／「天の理」「地の理」／新しい農業政策／テンジョウマイ

第三章　心を科学することはできるのだろうか／科学と心／天使たち／難波田春夫さんとの出会い／船井先生の親友／船井先生の元に集まる天才達

第四章　対　談／クリスマスツリー／「フォトン・ベルト」への突入／神々の世／幸せの法則

定価1300円

あしたの世界Ｐ《パート》２～関英男博士と洗心

池田邦吉著／船井幸雄監修

池田さんは「洗心」を完全に実行している人です。本書は池田さんが、世の中の仕組みや人間のあり方に集中して勉強し、確信を持ったことを「ありのまま」に記した著書といえます。参考になり、教えられることに満ちております。（船井幸雄）

第五章　うしとらの金神さん現わる／天恩郷のこと／2004年３月３日／神々の会議／嫉妬心のスイッチ／明るく　愉しく　ニコニコと／シアノバクテリア／未来の食品／このままでは地球と人類が危うい

第六章　洗心の道場／手水鉢／故関英男博士と加速学園／ボンジュール・マダーム／奇跡は続く／田原　澄／地獄耳／わが深宇宙探訪記／宇宙船のパイロット／桜の花の下で／超能力者／松陰神社

第七章　ノストラダムスと私／1997年夏／太陽系第10惑星／浄化の波動／愛・愛とむやみに説く者はにせ者なり／自尊心、自負心／強く、正しく／ありがとうございます／分けみ魂／'99年の件は'99年に起こらない！／1998年／温泉旅行／お別れの会の日に（他）

定価1300円

宇宙の実相
～ひふみ神示、ホツマツタエより
実方みどり

五次元上昇はすでに始まっています。信じられないかも知ませんがどんどん変化しています。

この本を読んで、意識変容して下さい。明るい未来が感動を伴って待っています。


宇宙の真理を探究するのは、遊園地で遊ぶようなもので、次はどんな乗り物に乗ろうかと考えるだけでも楽しい。

「宇宙の真理・実相」などと大袈裟かも知れないが、日々暮らしていく上で柱となる考え方を持っていれば、何事が起きても、平常心を失わずにいられるようになる。

十五年程前から読み込んでいた「ひふみ神示」に加え、「ホツマツヲ」を知り得たことで、急速に、「ひふみ神示」の理解が進んだ。更に、「百人一首」の核も、「ホツマツヲ」であったと気が付いた。「ホツマツヲ」が偽書でないことは、その内容が宇宙の真理を正しく把握させてくれるものであることからも、よく解る。

ただし、「ホツマツタエ」には、伝言ゲーム的に、内容に多少の狂いがありそうだ。それは「ひふみ神示」をよく読めば解る。

(本文より)